暴論
「東南陸行五百里」

鷹取　登

東京図書出版

暴論「東南陸行五百里」◆目次

暴論「東南陸行五百里」

序文

邪馬台国は何処の地に存在したのか？

江戸時代、新井白石が初めて卑弥呼の存在を主張して現代に至るまで、多くの人々を魅了して解決し得ない永遠のテーマである。

邪馬台国の比定地は、歴史学会では大きく畿内大和説と九州説に分かれ、更に在野の研究者の説を加えると、それこそ無数の邪馬台国比定地が存在している。

私が邪馬台国に興味を惹かれたのは、今から半世紀以上前の高校生の時、宮崎康平氏記述の『まぼろしの邪馬台国』と松本清張氏の『陸行水行』の二作品を読んでからである。

今回私は、無謀にもこの邪馬台国比定に挑戦してみる。

題名も、松本清張氏の『陸行水行』を意識して、「東南陸行五百里」としてみた。

文章の構成は以下の通りである。

一、魏志倭人伝の方向記述についての考察

二、魏志倭人伝の里程と戸数についての考察

三、伊都国、奴国、不彌国の位置比定についての考察

四、邪馬台国の位置比定について

新説のつもりであるが、何しろ数多くの学者、研究者がこのテーマについて主張を展開しているため、私と同内容の著述なりが存在しているかもしれない。

万一、前説として公表されていなければ、邪馬台国位置比定論争の新たな一石を投じることになるかもしれない。

1　魏志倭人伝の方向記述についての考察

伊都国とは、無論魏志倭人伝に書き記されている伊都国（イト・イツ？）のことである。百人の古代史ファンが集まれば、百カ所の邪馬台国が存在するという戦後の古代史ブームの中、この「伊都国」は、邪馬台国が何処に存在していたのかと推定する上で重要なキーポイントをなしている。

ちなみに魏志倭人伝では、伊都国について次のように書かれている。

「倭人傳」紹煕本

倭人在帯方東南大海之中依山島為國邑舊百餘國漢時有朝見者今使驛所通三十國從郡至倭循海岸水行歴韓國乍南乍東到其北岸狗邪韓國七千餘里始度一海千餘里至對海國其大

官曰卑狗副曰卑奴母離所居絶島方可四百餘里土地山險多深林道路如禽鹿徑有千餘戸無良田食海物自活乗船南北市糴又南渡一海千餘里名曰瀚海至一大國官亦曰卑狗副曰卑奴母離方可三百里多竹木叢林有三千許家差有田地耕田猶不足食亦南北市糴又渡一海千餘里至末盧國有四千餘戸濱山海居草木茂盛行不見前人好捕魚鰒水無深淺皆沈没取之東南陸行五百里到伊都國官曰爾支副曰泄謨觚柄渠觚有千餘戸世有王皆統屬女王國郡使往來常所駐東南至奴國百里官曰兕馬觚副曰卑奴母離有二萬餘戸東行至不彌國百里官曰多模副曰卑奴母離有千餘家南至投馬國水行二十日官曰彌彌副曰彌彌那利可五萬餘戸南至邪馬壹國女王之所都水行十日陸行一月官有伊支馬次曰彌馬升次曰彌馬獲支次曰奴佳鞮可

七萬餘戸自女王國以北其戸數道里可得略戴
其餘旁國遠絶不可得詳……以下略

訳文　平野邦雄氏訳掲載

倭人は、帯方(たいほう)郡の東南の大海の中にあり、山や島によって国や村をなしている。もと百余国に分かれていて、漢の時代に朝見してくるものがあり、現在では、魏と外交関係にあるのは三十国である。

帯方郡より倭に行くには、朝鮮半島の西海岸に沿って水行し、韓の国々を経て、あるいは南へ、あるいは東へと進み、倭の北岸にあたる狗邪韓国(くやかんこく)に到着する。これまでが七千里である。

そこから、はじめて一海を渡ること千余里で、対馬国に到着する。その国の大官を卑狗(ひく?)、次官を卑奴母離(ひなもり?)という。居る所は絶島で、広さ四百余里平方ばかり、山は険しく、森林が多く、道路は獣のふみわけ道のようである。千余戸あり、良田はなく、住民は海産物を食べて自活し、船に乗り南や北と交易して暮らしている。

それからまた南に一海を渡ること千余里で一支国に到着する。この海は瀚海(かんかい)と名づけられている。この国の大官もまた卑狗、次官は卑奴母離という。広さは三百里平方ばかり、竹林・叢林(そうりん)が多く、三千ばかりの家がある。ここはやや田畑があるが、水田を耕しても食料には足らず、やはり南や北と交易して暮らしている。

また一海を渡ること千余里で、末盧国(まつろこく)に到着する。四千余戸があり、山裾や海浜に沿うて住んでいる。草木が繁り、道を行くのに前の人は見えないくらいである。人々は魚や鮑(あわび)を捕らえるのが得意で、海中に深浅となく潜り、これらを取って業としている。

そこから東南に陸行すること五百里で、伊都国に到着する。長官を爾支(にし?)、次官を泄(せ)謨觚(もこ?)・柄渠觚(へくこ?)という。千余戸があり、代々王がいたが、かれらは皆、女王国に服属しており、帯方郡からの使者が倭と往来するとき、常に駐(あ)る所である。

これから先は、東南、奴国に至るのに百里。長官を兕馬觚(しまこ?)、副卑奴母離という。二万余戸がある。

同じく東、不弥国に至るのに百里。長官を多模(たも?)、次官を卑奴母離という。千余家がある。

また南、投馬国に至るのに水行二十日。長官を弥弥(みみ?)、次官を弥弥那利(みみなり?)という。五万戸ばかりがある。

また南、邪馬台国に至るのに水行十日・陸行一月。ここが女王の都するところで、長官を伊支馬(いしま?)、次官以下を弥馬升(みましょう?)・弥馬獲支(みまかき?)・奴佳鞮という。七万余戸ばかりがある。

このように、女王国より北の諸国は、その戸数と道里をほぼ記載することができるが、その他の周辺の国は、遠くへだたり詳しく知りえない。……以下略

これまで邪馬台国比定地を畿内とする人々も、あるいは九州とする人々も、魏志倭人伝に記載されている對海国(つかい)を対馬と、一大国(いちだい)を壱岐(いき)と、末盧国を松浦半島唐津周辺とし、伊都国を糸島半島周辺と比定することで、ほぼ意見が一致していた。

確かに、末盧国まではこの比定地で正しいと思われる。それは魏志倭人伝に記している對海国・一大国・末盧国の位置、風土などの記述が、現在の対馬島、壱岐島、松浦半島と一致しているからに外ならない。

事実、朝鮮半島の南岸狗邪韓国から末盧国（松浦半島）に至るには、当時の貧弱な船や航海技術では、島伝いに朝鮮半島南岸（釜山(ぷさん)周辺）→長崎県対馬→長崎県壱岐島→（佐賀県呼子(よぶこ)）→佐賀県唐津市と渡海せざるを得なかったであろう。呼子をカッコ書きにしたのは、天候に恵まれ海も穏やかであれば、壱岐から直接唐津へ渡海したと思われるからである。

さて、問題は末盧国以降の記載である。

魏志倭人伝では、末盧国（松浦半島）から伊都国へ至るには東南陸行して五百里の距離であると記している。

問題の箇所である。

今、末盧国の中心部であったと思われる唐津市の西松浦半島の衣干山山頂から、唐津湾越しに伊都国が位置していたと推定される糸島半島（怡土郡）を望見した場合、その方向は明らかに東北に位置するのである。たとえどう贔屓目に見ても東方向が限度であり、魏志倭人伝が記した東南方向などにはないのである。

これは地理学的な事実であり、否定しようがない。

では何故に魏志倭人伝では、伊都国を東南方向としたのであろうか。

これまでこの方向記述について、魏志倭人伝の東南方向を東方向と解釈するために、大きく分類すると三通りの説明が学者間で主張されている。

まずその一つは、魏志倭人伝の著者晋の吏官陳寿の自筆原本は存在せず、現在「魏志倭人伝」として残っているのは、十二世紀南宋時代に纏められた紹熙本、紹興本と伝えられる写本だということ。よって、三世紀末「魏志倭人伝」が記述されて後九百年の間、「魏志倭人伝」は筆写あるいは版木による写本として受け継がれてきたため、誤って東北

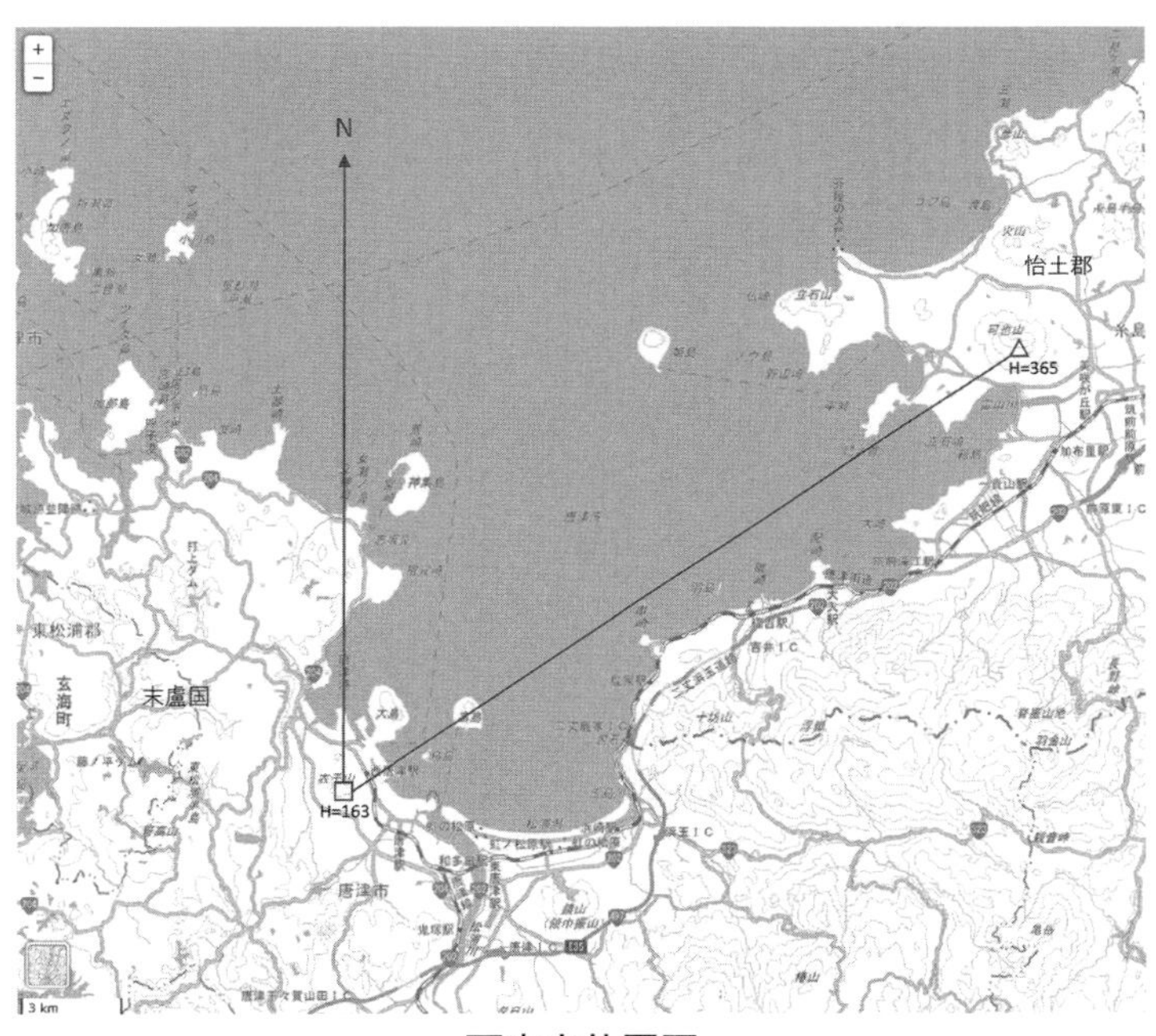

可也山位置図

出典：国土地理院ウェブサイト（https://mapps.gsi.go.jp/maplibSearch.do#1）地図データに文字・記号・線を著者が記入して作成

を東南として写本を作ってしまったという説である。だが、この説については、東北方向を東南方向として書き誤ったという確証がないため、説得力に乏しいのは言うまでもない。

二つ目の説として、陳寿自体が日本列島の方向を誤って認識していたため、東北方向を東南方向と取り違えたのではないかという主張である。その根拠として、日本列島が南北逆に描かれている「混一疆理歴代国都之図」が引き合いに出される。だが陳寿が魏志倭人伝を編集した際、この古図だけを参照したのならいざ知らず、実際に倭国に使いした梯儁やその上司の帯方太守弓遵の報告書を調べて編集したと考えるのが自然である。陳寿が倭国の方向を取り違えたとは思われない。

末盧国に到着した魏使は、伊都国から末盧国に出迎えに来た官吏や末盧国の長老に尋ねたであろう。

「伊都国とは何処にあるや？」

唐津の標高一七三メートルの衣干山に魏使を案内した倭人は、唐津湾越しに望見できる糸島半島を指差して、

「彼方に見えるが伊都国である」

と言ったはずである。その方向は、「東方か東北」であったに違いない。

古代人の視力は現代人のそれに比べて、格段に優れていた。例えば、現代でもアフリカ

の遊牧民の視力は、二・〇から三・〇に達するという。苛酷な狩猟生活の中で生きていく上で、狩猟民族が優秀な視力を有することは必須であったし、視力の衰えは即生命への危険へと直結していたであろう。

同様に、古代の倭人や魏使の視力も二・〇程度の視力を有していたに違いない。とすれば彼らの視野の中に、必ずや唐津湾・加布里湾の彼方、標高三六五メートルの可也山を捉えていた。その時、直接に視認できる糸島半島は太陽の昇る方向、つまり東方向より北に位置しているのである。

末盧国から伊都国に至る方向を、東南などと見誤るなど考えられない。

更に付け加えるなら、大国魏から見れば倭国は文字さえ持たぬ未開の蛮国であった。邪馬台国の卑弥呼が倭の女王として推戴されるまで、倭国は血生臭い争乱の地であった。

卑弥呼の率いる倭国は、魏の朝鮮半島への勢力拡張に際していち早く朝貢してきたものの、その去就に魏の官吏である梯儁が不審を持ち、万全の備えを行うのは至極当然ではないか。おそらく魏使一行は、見知らぬ異国で万一倭の案内人にはぐれたり背かれたりしても自力で帰国できるよう、進む方角と里程は宿営地ごとに確認したはずである。

磁針も六分儀も存在していなかった古代では、夜の帳とともに北の空に輝く北極星と、毎朝東の空に昇る太陽は重要な道標であり、私ども現代人が考えるよりはるかに、古代人は方向について敏感であったろう。

三番目に、主に古田武彦氏が『「邪馬台国」はなかった』という著書の中で述べているが、魏使が東南方向と記したのは、末盧国からの始発方向を書き記したものだという見解である。古田武彦氏の基本的なスタンスは、魏志倭人伝に記されていることは全て事実であるとし、文字一文一句にいたるまで勝手に改訂・解釈すべきでないとしている。例えば、邪馬台国に至る距離、方向、人口も実数というのである。彼はそれを実証すべく、詳細な主張を展開している。当然、末盧国から伊都国への里程である「東南陸行五百里」の記述部分にも苦心の跡が窺われる。

古田氏の主張の要旨は以下のとおりである。

末盧国から伊都国への方向は東北であるが、魏使達は松浦半島から一旦東南方向へ迂回し、虹ノ松原を経由して糸島半島へ陸行したため、松浦半島からの始発方向である東南と記録したというものである。

しかし、流石にこの見解はもうこじつけ以外の何物でもない。

例えば、中国の上海は北京の南に位置するが、旅行者が一時的に北京の東口からの迂回路を採ったからといって、「東陸行〇〇〇〇里上海に至る」とは紀行文に記述しないであろう。これは「南陸行〇〇〇〇里上海に至る」と記すのが常識であろう。

伊都国に戻るが、同国が方向の曖昧な内陸部に位置していたのならいざ知らず、唐津湾の東北の海上にはっきりと視認できたのにである。魏使一行がどんなに倭国に不案内だったとしても方向を間違えようがないではないか。

結論としては古田氏の主張には賛同できないが、魏志倭人伝の伊都国にかかる記述は正しいと思う。このことについては後に纏めて述べることにする。

推理を続けよう。

次に「陸行」についてである。

私は、糸島半島に伊都国が存在したとする前提に立つ限り、魏使達は陸路を採らなかったと思う。

魏使が邪馬台国に使いした三世紀には、海水面は現代と比べて七メートル程も高かったという。ならば現在の唐津市街や唐津街道の多くの地域が、当時は海没していたことになる。おそらく虹の松原などの海岸線の大部分が海没し、山地から直接海に落ち込んでいたであろう。

魏使が倭に使いした季節は、夏季であったのは明らかだ。

魏志倭人伝では、そのことをこう記述している。

「濱山海居草木茂盛行不見前人」
山裾や海浜に沿うて住んでいる。
草木が茂り、道を行くのに前の人は見えないくらいである。

魏志倭人伝の記述から、末盧国から伊都国が位置していたとされる糸島半島の間も整備された陸路などなかったことがわかる。この間には、急峻な脊振山地(せふりさんち)が立ちはだかり人々の侵入を拒否している。

日々安全に通行する道路網が整備されるには、余剰生産力の拡大、度量衡の統一、牛馬の輸入そして土木工事を実施する強力な中央集権国家の成立が条件となる。勿論文字の使用もそれらの前提である。当時の倭国はいわば部族連合国家であって、道路網を整備するだけの力はなかったろう。

想像するに当時の倭国には、魏志倭人伝に記されているように獣道にも似た細道が地形なりに、原生林の密生する山中に作られていたであろう。魏使が倭国に訪れた時期は夏であり、末盧国から伊都国まで陸行しなければならない。草木は数日で生い茂り人々の行く手を遮(さえぎ)ったであろうし、蝮(まむし)や熊蜂、蚊、虻(あぶ)、山蛭(やまひる)、ダニなどの虫害は、絶えず魏使たち一行を悩ませたに違いない。魏の少帝からの下賜品(かしひん)、倭人が好んだ剣、銅鏡や絹織物などを人夫に担がせて、古代の峻険な脊振山地に分け入ったと考えるなど馬鹿げているのでる。魏使の一行が、松浦半島から糸島半島へ移動するならば、水行したと考える方が合理的である。

唐津湾・加布里湾は、魏使たちが渡海した玄海灘と比較すれば、はるかに波静かで安全な海である。それは冬季の玄海灘からの北西の強風は松浦半島が遮断しているからである。また夏季の南風は、脊振山地の山々が防いでいるからに外ならない。唐津が海人族の居住する末盧国の中心地となり得たのは、一年中を通じて波静かであり天然の良港だったからだ。この良港は、当然朝鮮半島や中国大陸からの貿易港としての役割も果たした。

古代、糸島は半島ではなく島であった。加布里湾と博多湾は水道によりつながっていた。この事実を指摘したのは、『まぼろしの邪馬台国』を執筆した宮崎康平氏である。後、高木彬光氏も自著『邪馬台国の秘密』中で、宮崎康平氏の指摘を追認している。

私も宮崎氏の指摘は正しいと思う。

ただ、宮崎氏が邪馬台国を島原半島に比定されたことには同意しかねるが。

ともあれ宮崎氏の指摘どおり、博多湾と加布里湾との間には糸島水道が存在したということは容易に首肯できる。後に海水面の低下と、後年の新田開発や干拓事業により地続きとなり糸島半島と呼称されたものである。糸島半島周辺の地図を見ると、半島の頸部には泉川を挟んで、北側には大浦・津和崎・泊・元浜・今津という海岸地名が残っている。また南側には、周船寺・波多江・荻浦という海岸地名が同様に残っている。

博多湾と加布里湾の間に、天然の運河が通っていたことの証しである。

一日に四度潮流はその方向を変える。

唐津から、伊都国が存在したという糸島に旅するなら、西から東へ向かう潮流に乗り船出するのが一番安全で手っ取り早い方法である。また当時帆を既に使用していたのであれば、西風が吹くまで風待ちすればよい。そして夜明けとともに唐津を船出すれば、約三ノット（時速五キロメートル）程度の低速でも、六時間後正午頃には、伊都国が存在したという糸島に上陸することができる。

魏の少帝から邪馬台国の女王卑弥呼への大量の下賜品も、あるいは魏使一行の身の回り品も、狗邪韓国からの往来船に積載したまま運べばよい。これほど確かで安全な旅行はない。

伊都国の東南に位置したとされる奴国（博多周辺を従来は比定）やその南に位置するという邪馬台国へも、船荷のまま糸島水道を東進し、博多湾まで水行して上陸すればよいのである。

再度述べるが、末盧国から伊都国が存在したという糸島へ向かう限り、陸行したなど有

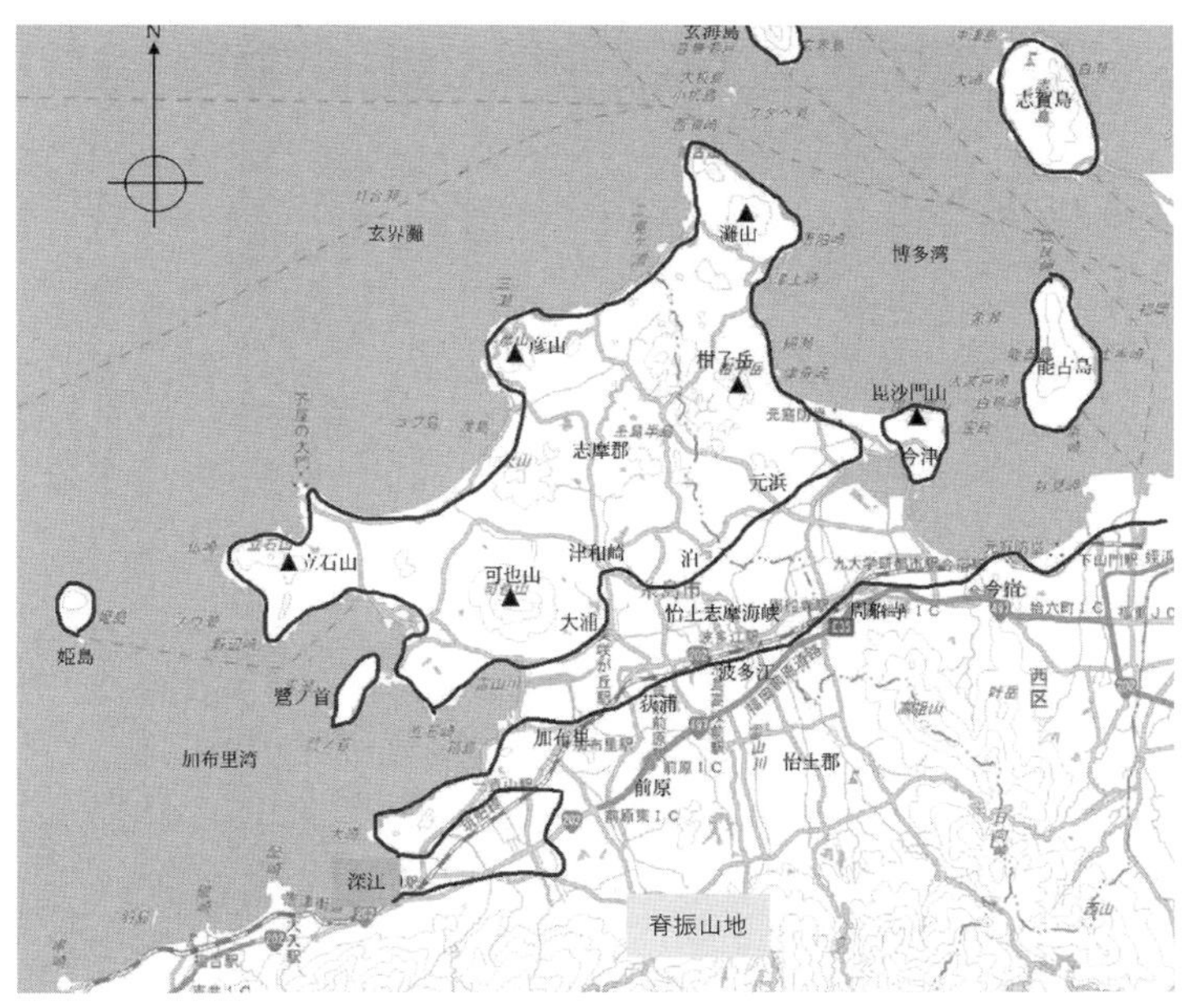

怡土志摩海峡

出典：国土地理院ウェブサイト（https://mapps.gsi.go.jp/maplibSearch.do#1）地図データに文字・記号・線を著者が記入して作成

り得ないということである。逆に、本当に糸島に伊都国が存在したというのであれば、魏志倭人伝の記述では当然「東北水行五百里到伊都国」か「東水行五百里到伊都国」と記述されたはずである。

結論的には、魏志倭人伝の記述「東南陸行五百里到伊都国」を正しいものとするなら、糸島半島には伊都国は存在しなかったということである。糸島の古代の郡名「怡土（イト）」と「伊都（イト）」の発音の類似性だけで、比定する危うさを感じる。

ならば、伊都国は何処に存在していたのであろうか？

私なりの解答を出す前に、魏志倭人伝の記述について何点か推論をすすめたい。

2 魏志倭人伝の里程と戸数についての考察

次に取り上げるのは、魏志倭人伝に書かれた狗邪韓国から邪馬台国に至る里程の記述についてである。

魏志倭人伝では、狗邪韓国から對海国までの距離を千余里としている。同様に、對海国から一大国、一大国から末盧国までの距離も千余里としている。

実際は、狗邪韓国（釜山付近）から對海国（上対馬）までが約六十五キロメートル、對海国（厳原（いづはら））から一大国（壱岐）北岸までが約五十五キロメートル、一大国（壱岐葦辺（あしべ））から松浦半島呼子までが約三十五キロメートルの距離となっている。魏志倭人伝では、この三区間の距離を全て千余里と書き記している。

三世紀の弥生時代には、海に浮かぶ二島間の距離を測定する測量技術はなかったろう。近世になれば、三角測量により間接的に測距するなり、渡航船に船底ログ（速力計）を取り付け単位時間当たりの速力を計測し、それに渡航に要した時間を乗じて二島間の距離を測定する方法もある。

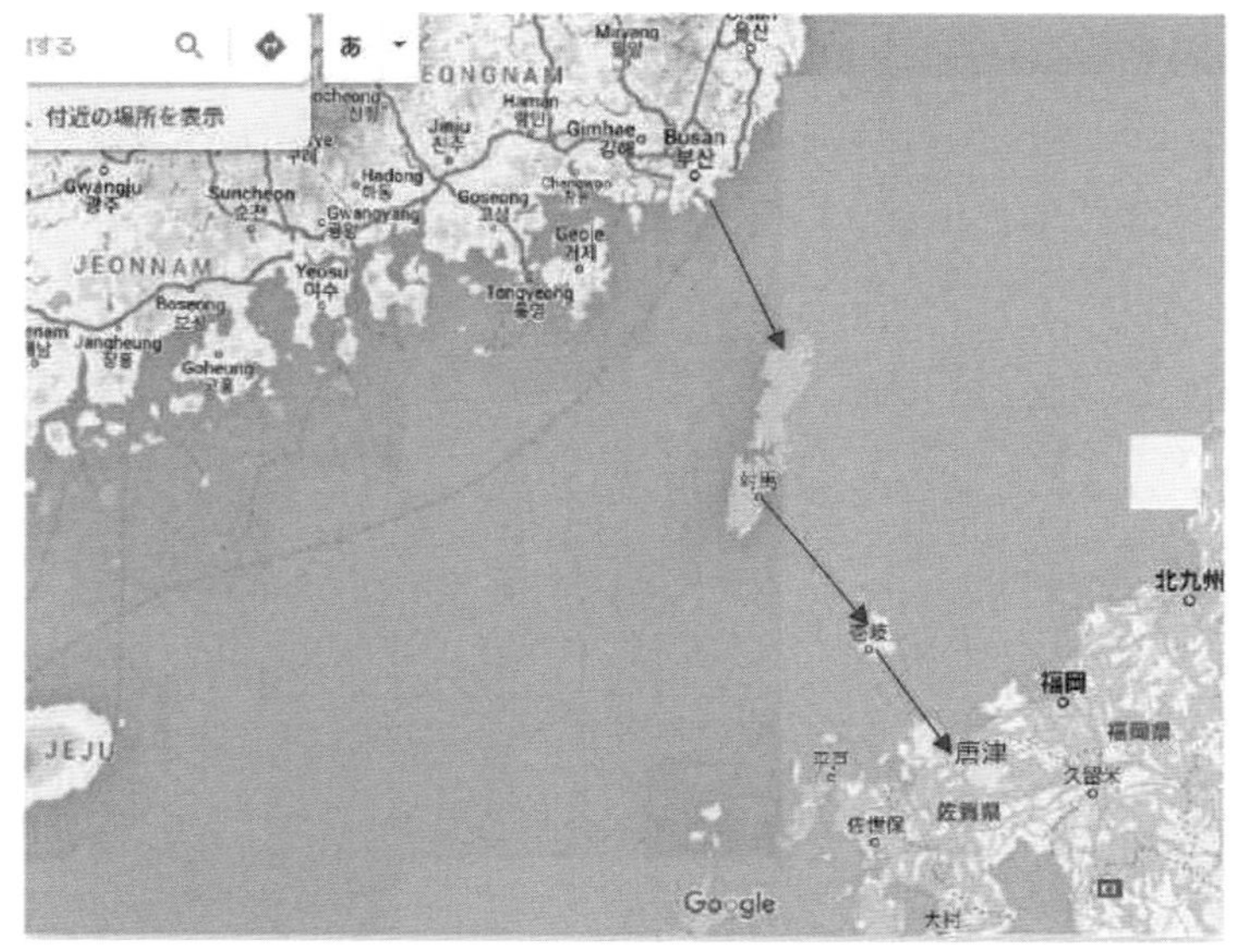

狗邪韓国 — 唐津渡海図

出典：国土地理院ウェブサイト（https://mapps.gsi.go.jp/maplibSearch.do#1）地図データに文字・記号・線を著者が記入して作成

もちろん両方の測量技術も三世紀の古代には存在しない。

つまり魏使には、海を挟んだ二陸地間の距離を正しく測定出来なかったのである。

それでは距離の測定が不可能であるにもかかわらず、魏使は何を根拠に三海峡間の距離を千余里と記述したのか？

私は、次の原則によってその距離を千余里としたと推理する。

それは「日の出とともに船出し、日没までに対岸に到着することが出来る距離を千余里とした」のであると。

夏時間であれば、午前五時には船出し午後五時までくらいに対岸に到着すればよいから、一日に約十二時間は航行することが可能であろう。もちろん気象条件（順風か逆風か、あるいは潮流に乗るのか向かうかなど）によって船のスピードは違うが、押し並べて平均三ノット（約時速五キロメートル）で航海すれば、十二時間で六十キロメートル程進むことができるのである。この距離前後が、古代人が一日に渡海することが可能な最大値であったろう。そして一日に航海する距離は短ければ短いほど良く、また宿営地への到着時間は早ければ早いほど良いのである。だが間違っても夜間航行などあってはならない。いや夜間航行は不可能なのである。海図も灯台も無く、有視界航行により渡海していく古代では、暗闇こそ恐怖そのものであったろう。ましてや船旅の経験の少ない大陸人である魏使一行を伴っている。三海峡とも日没前に彼らを目的地に送り届けるのは、水先案内人である倭人に課せられた至上命令であったに違いない。

早朝に狗邪韓国の南岸（釜山付近）を船出した魏使一行は、上対馬間の六十五キロメートルの対馬海峡を一気に渡海し、夕刻には北対馬の宿営地に到達したであろう。この海峡が一番の難所であり、初めて渡海を経験した魏使たちも、その後の対馬・壱岐間と壱岐・唐津間は比較的余裕を持って渡海したに違いない。

そして三航路とも、日の出と共に船出し日没までに目的地までに到着したからこそ、その距離を千余里と書き記したのではと推理する。

では、末盧国から伊都国への里程陸行五百里はどう考えるのか？

私は、この里程については実数に近いと考えている。なぜなら、魏使一行が陸路を走破したからである。

魏使一行は、正使梯儁以下副使、従卒、人夫を加えると二十数名の構成であったと思われる。梯儁は陸路になれば、必ずや部下の従卒に歩測を行わせたに違いない。魏の少帝の答礼使であった梯儁としては、万全を期すための当然の措置であり、未知の異国を旅行する際の習慣でもあったろう。

歩測は左程難しくはない。現代でもよく利用されている。

例えば、土地の広さを歩測で計測するのに「間を踏む」という言葉がある。大人の一歩を二尺（六〇センチメートル）と決めて、測りたい土地の端から端までを歩くのである。今、間口を歩測した数が三十歩とする。とすると三十歩×二尺（六〇センチメートル）で六〇尺（十八メートル）十間の間口と知ることができる。

長距離の場合、歩測に使用する一歩の基準を、平地であれば一歩を二尺、丘陵地であれば一歩を一尺五寸（四十五センチメートル）、山地では一歩を一尺（三十センチメートル）とかに決定し、後は歩数の合計さえ間違わなければ一日に歩いた総距離が求められる。

先日、テレビの再放送でこの歩測場面を視聴したことがある。『八甲田山』という題名の映画であった。故新田次郎氏の原作『八甲田山死の彷徨』を高倉健さん、北大路欣也さん主演で映像化したものだ。この中で歩測の場面が表現されている。俳優前田吟氏扮する弘前三十一連隊の斉藤伍長が雪中行軍の中で歩測していくのであるが、新田氏の原作ではこう記述されている。少し長くなるが引用してみる。

斉藤伍長が歩数を数える声が聞えて来た。特別な抑揚をつけたその声が或は高まり、突然、消えるように細った。そして数が百になったときは、ぴたっと声が途切れて、その次には二、三、四と数え出すのである。百を数えると、左のポケットから大豆を一個右に移し替える。その間に一歩だけ前進するから、大豆の移動が終わった次は二から起こすのであった……。

明治の日本陸軍では、百歩ごとに雑嚢から雑嚢へ大豆を一個ずつ移し替えて歩測を行っている。そう言えば、正使梯儁の官位は「建中校尉（けんちゅうこうい）」という。漢の時代に制定された軍制で、現代の軍隊では佐官級の位であるそうだ。帯方太守弓遵を補佐していた駐在武官クラスの将校であったかもしれない。いずれにしても軍人であった梯儁が、自分の部下に歩測をやらせなかったことはないだろう。

当時はどのように歩測をやらせたのか？

案外明治陸軍と同様に、持ち運びに便利な軽い豆類を利用したかもしれない。豆類であれば、いざという時には食料にも充てることが出来る。それとも数の国である中国の優秀な官僚のことであったから、算木などを所持して几帳面に積算していたかもしれない。いずれにしても陸行については、魏使一行は比較的正確な距離を把握していたのではないだろうか。

魏使一行が歩測をしておれば、末盧国から伊都国間の距離「五百里」を正確に把握したに違いない。

さて次に取り上げるのは、倭国の戸数記述についてである。
魏使倭人伝では、倭国のいくつかの国についてその戸数を記述している。
略載すると、

魏志倭人伝		一戸十人推定
対馬国	千余戸	約　一万人
壱岐国	三千許家	約　三万人
末盧国	四千余戸	約　四万人
伊都国	一千余戸	約　三万人
奴　国	二万余戸	約二十万人
不弥国	一千余家	約　三万人
投馬国	五万余戸	約五十万人
邪馬台国	七万余戸	約七十万人

となっている。

魏志倭人伝に記載されている、三世紀弥生時代の倭国の戸数については、実数を大きく誇張して記しているというのが、大方の学者の見解である。

参考に戸籍制度が比較的整備された奈良時代に記録されている諸国の人口は以下の通りである。

奈良時代推定人口

対馬　七千人
壱岐　一万六百人
肥前　八万一千人
筑前　九万二千人
筑後　七万三千人
出雲　八万一千人
大和　十三万人

卑弥呼が存在した三世紀から三百年余り時代が下がった奈良時代でさえ、対馬の人口は七千人程であったのである。壱岐にしても約一万人であり、弥生時代の後期に対馬と壱岐がそれぞれ一万人、三万人などの人口を擁していたとは信じられない。これは多くの研究者も指摘している。

ある時代における人口を規定するのは、その時代が持つ生産力である。そして生産力の増加に伴い、人口も漸増していくものである。生産力の飛躍的な発展、例えば産業革命などは人口の爆発的な増加をもたらす。逆に生産力を伴わない人口の増減は、餓死・病死・斃死などにより自然淘汰されるしかない。

魏志倭人伝では、卑弥呼の時代の対馬には田畑がなく皆海産物を採り、南北の島々と交易をして暮らしていると書き記されている。すなわち生産力は極めて小さかったのである。どう考えてもこの対馬に千余戸（約一万人）もの人々が居住していたとは思えない。

それでは魏志倭人伝は何故対馬の人口を、千余戸としたのであろうか？　私は随分いい加減な言い方だが、魏使は「對海国の人口は、取り敢えず千余戸と報告した」のだと思っている。

たとえが適切かどうかは別にして、各種のコンテストで審査員は一番手の出場者には十点満点で七点をつけるものである。一つの目安だからである。二番手以降の出場者が一番手の出場者より優れていれば八点、九点、十点とつけることが出来るし、劣っていれば六点、五点とつければ良い。そのための「取り敢えずの七点」をつけるのである。

対馬に到着した魏使は困惑したであろう。

海浜に住む倭人に対馬の人口を尋ねても、文字を知らぬ倭人は正確な人口を答えることが出来ない。自らの目で確かめようにも、山が深く道さえも無いため到着した湊の周辺しか行くことができない。

であるなら、倭人の話から推測して記録するしかない。但し「取り敢えず」としても、百余戸（約千人）ではいかにも少なすぎる。仮にも倭国を構成する對海国である。僅か百余戸程しかなく、その程度の部族に使いしたというのでは、魏使の沽券（こけん）にかかわるのである。戦って打ち破った敵が大きければ大きいほど軍人としての名誉が上がる。同じく使いした国々が大きく数多いほど、帰国後には自分達の官位や報酬が期待できるであろう。ただ大きければ大きいほうが良いといっても、島国である對海国の戸数が一万余戸（十万人）などとは書けるはずもない。魏の都洛陽でさえ当時十万戸（魏では一戸五人推定）であるから五十万人程の人口であったと言われている。

やはり、取り敢えずとしての千余戸は手頃な戸数なのである。

次に對海国から一大国に渡海した魏使は推定したであろう。一大国は對海国と比較すると、地形はなだらかであり一部には田畑が耕作されている。戸数も對海国の三、四倍は居住しているようである。だから一大国の戸数は、三千余戸なのであろう。同様に、末盧国は四千余戸、伊都国は千余戸、奴国は二万余戸と書き記していったのだろう。

結論としては、奈良時代から三百年遡った弥生時代であれば、奈良時代の人口の三分の一以下、例えば対馬で一千人から二千人、壱岐で二千人から三千人、末盧国で三千人から四千人程度ではなかったかと推定している。

3 伊都国、奴国、不彌国の位置比定についての考察

さてここらで少し推理を纏めることにしたい。

これまで長々と伊都国について言及してきたのは、伊都国の位置・輪郭が特定されれば、それにつながる奴国・不彌国・邪馬台国の位置を特定することができるからである。それは最初に述べているとおりである。

魏志倭人伝では、伊都国からの位置関係で東南百里に奴国が存在し、東行百里に不彌国が存在し、南に邪馬台国が位置すると記述している。

伊都国についてこれまでの推理の結果を要約すると、

一、末盧国（唐津）から東南の方向に位置していること。

二、末盧国から伊都国までは陸行しなければならない道筋であること。

三、末盧国（唐津）から伊都国までの距離は、魏の里単位で約五百里の位置に存在していること。

この場合、古田武彦氏の研究による短里である一里七十五メートルから九十メートルを採用し、末盧国から伊都国の距離を三十五キロメートルから四十五キロメートルとする。

古田氏の短里を採用するのは、三国志時代の里程について、魏の原資料を基に一里の基準を計算しているためである。

四、伊都国の人口は多くはないこと。

では早速、末盧国（唐津）から魏使が辿った道筋をトライしてみよう。

魏使たちが出発するのは、現在の唐津市街地は三世紀には海没していたであろうから、衣干山あたり標高十メートル以上の山裾沿いであろう。そこから東南方向に松浦川に沿って陸行していく。魏の少帝から卑弥呼への下賜品などは小分けして荷造りされ、倭の案内人が引き連れた奴婢（奴隷）たちに背負わせて運搬する。

魏使一行を案内する倭人は、魏の来賓客を安全に目的地に送り届けるため、二日掛けて案内するつもりである。一日目の行程は、相知の里までと決めている。唐津市相知町は、衣干山から直線距離で十三キロメートル標高四十メートルの盆地に位置している。唐津から山裾や杣道なりに相知の里まで陸行すれば、おそらく直線距離の五割増し約二十キロメートルを走破したことになる。

相知町は最重要地でもある。西南方向からは松浦川の本流が流れ込み、東南方向からは厳木（きゅうらぎ）川が松浦川に合流している。古代の交通の重要分岐点であった相知の里には、倭国の官吏により監察・宿泊所が設置されていたに違いない。

夜道を避けるため魏使一行は相知の里で宿泊し、翌朝東南方向から流れ込む厳木川に沿って遡上して行く。倭の案内人が向かう先は笹原峠の山裾で、ここまでは比較的なだらかな杣道を登っていくことが出来る。相知を早朝に出発して厳木川沿いに標高差二十メートルの杣道を約十キロ走破すれば、午前九時には笹原峠の山裾 厳木町牧瀬（きゅうらぎちょうまきせ）に到着する。厳木川はこの山裾で北東方向へ流れを変え白石山などの脊振山地の源流域から流れ込んでいる。

魏使一行はこの牧瀬で小休止をとると、この旅行唯一の難所ともいえる標高差四十メートルの笹原峠へと登っていく。全身に滴り落ちる汗を拭いながら笹原峠を越えると、いつしか川の流れも魏使一行と同じ方向へと変化していた。分水嶺である笹原峠を越した後は、比較的穏やかな下り道へと変わっていったのである。そして夕刻前に目的地伊都国へと到着したのである。

私は、その位置を今指し示すことができる。

衣干山 ── 相知旅行図

出典：国土地理院ウェブサイト（https://mapps.gsi.go.jp/maplibSearch.do#1）地図データに文字・記号・線を著者が記入して作成

魏志倭人伝に記されている伊都国とは、佐賀県多久市周辺に位置していたに違いない。佐賀県多久市は、末盧国（唐津）から東南方向に位置し、陸行しなければ行くことができない。

多久市は唐津から、水平距離にして約二十五キロメートルの位置に存在している。三世紀の古代に、水平距離と斜距離を区別して理解していたかどうか分からないが、もし区別がなかったとしても高低差があり曲がりくねった山道であるため、梯儁の従卒は五百里（三十五から四十キロメートル）の歩測を行ったであろう。

多久市も相知町と同様に交通の要衝である。多久市から西南へ道を採れば、武雄市、有田町を経由して佐世保へ到着する。南へ向かえば、有明町、鹿島市を通過して諫早市、島原方面へと向かうことができる。また東へ向かえば、脊振山地の南山麓沿いに小城町、大和町、東脊振村、中原町を通過して佐賀県鳥栖市へ至るのである。この東ルートでは、弥生時代や古墳時代の遺跡が多数発見されている。かの吉野ヶ里遺跡や安永田遺跡もこのルート沿いに位置している。

それでは多久市周辺を伊都国と比定した場合、その勢力範囲はどの程度であったのか？私は、伊都国の支配した範囲は、唐津湊から相知町、厳木町、多久市、江北町までを含んでいたと思っている。

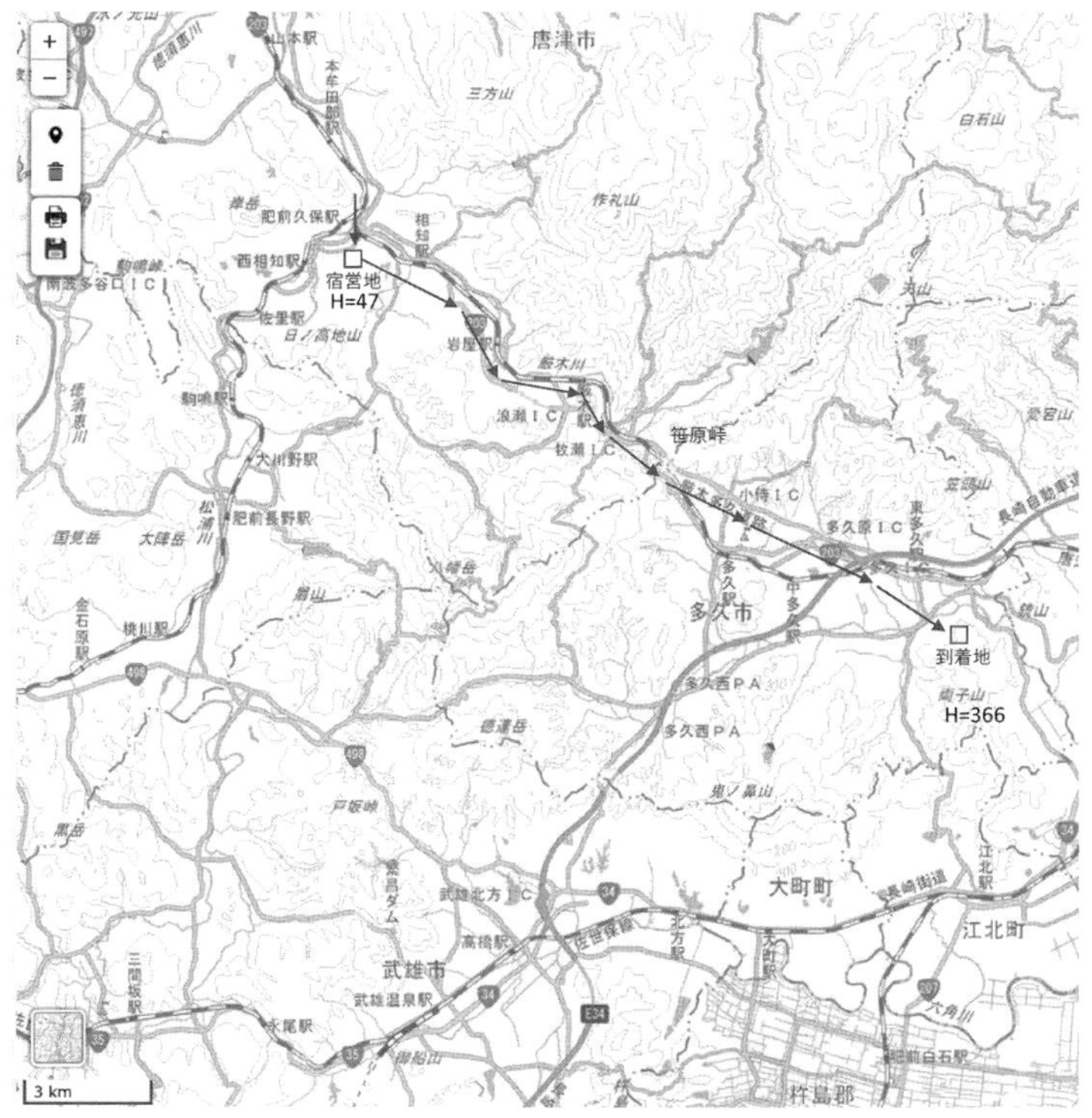

相知 ── 多久旅程図

出典：国土地理院ウェブサイト（https://mapps.gsi.go.jp/maplibSearch.do#1）地図データに文字・記号・線を著者が記入して作成

邪馬台国は、他の倭国にも大官一名と副官数名とを置き倭国を統治しているのに、末盧国には官僚を置いていない。その末盧国とは対象的に伊都国には長官爾支、副官泄謨觚、副官柄渠觚の三名を駐在させている。これは邪馬台国の卑弥呼が伊都国を通じて、中国文明の流入の玄関口である末盧国を統治していたことを示しているのである。

魏志倭人伝では、伊都国について次のように記している。

「……丗有王皆統屬女王國郡使往來常所駐……」

倭国には三十の国があるが、皆女王国に服属している。郡使は常に伊都国に駐在している。

「……自女王國以北特置一大率検察諸國畏憚之常治伊都國於國中有如刺史王遣使詣京都帯方郡諸韓國及郡使倭國皆臨津捜露傳送文書賜遣之物詣女王不得差錯」

女王国より北には一大率という役人を置いて、諸国を検察している。諸国は一大率を畏れ憚っている。これは常に伊都国に置かれているが、中国の官吏である刺史のように恐れられている。倭王が洛陽や帯方郡・諸韓国に使いを遣わす時や帯方郡が倭国に使いする時には、伊都国の湊で文書や品物を検閲したうえで送受して誤りがないようしている。

倭国における伊都国は、他国に抜きんでて重要な地位と強力な支配力を持っていたことになる。

再び、伊都国の勢力範囲について推理を続けたい。

伊都国の東南部は奴国と接しているが、その境界ラインは笠頭山から峰山、鏡山、両子(ふたご)山、江北町を結ぶラインであると推定する。これは、このラインが多久盆地と筑紫平野を遮断するからであり、この防衛線を突破しなければ何人も東西の行き来が出来なくなる。

特に、多久市と小城町の中間に位置する標高三三七メートルの両子山は最重要地である。古代道も奈良時代の駅路も、両子山の北山裾を通過している。さらに烽火連絡経路、外敵の襲来や反乱、外国使節の到来などを大宰国府に通報するための狼煙(のろし)による連絡経路のことであるが、その中継点ともなっていた。例えば奈良時代には松浦半島に入港してくる外交使節の情報は、唐津市呼子町の加部(かべ)島の烽火台から松浦半島東北部烽火台—唐津鏡山烽火台—三方山烽火台—女山烽火台—両子山烽火台を経由して大宰府へと中継されたのである。いかに多久市周辺が要地であったかが窺われる。

また古代には、有明海は江北町の南まで入り込んでおり、そこには湊(津)が設けられていた。旅行者が伊都国の南端である江北町から南へ旅するなら、湊伝いに水行するしかなく陸行するのは不可能であった。なぜなら肥前鹿島市から南へは地形が急峻すぎて古代

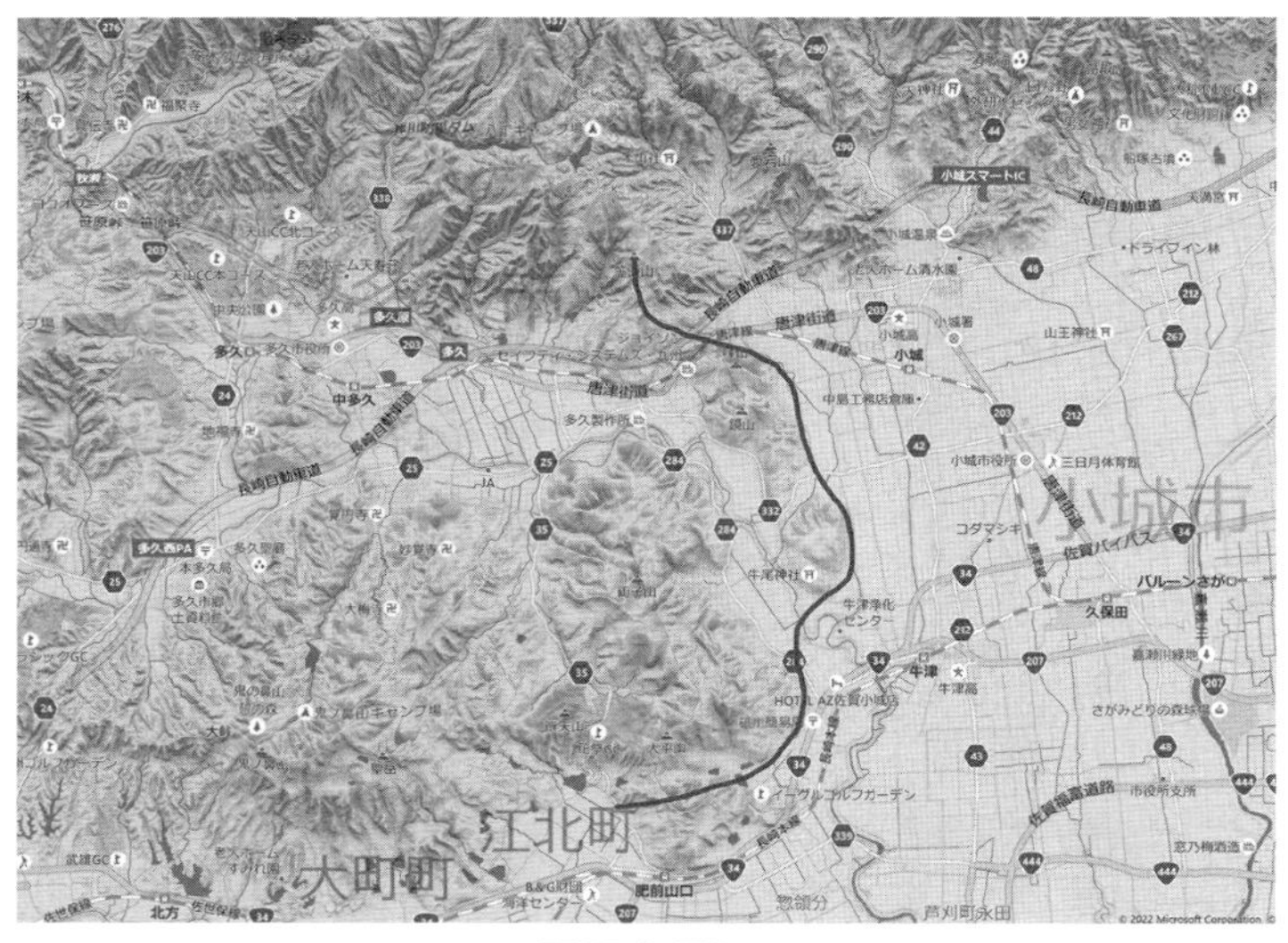

両子山周辺

出典：国土地理院ウェブサイト（https://mapps.gsi.go.jp/maplibSearch.do#1）地図データに文字・記号・線を著者が記入して作成

には海岸道路は無く、南へ旅するなら水行するほうが便利で早かったからである。

全体として、伊都国は末盧国から邪馬台国までの交通路を押さえ、他の倭国を統制するとともに中国・朝鮮半島との通商ルートを管理し、それらの豊かな富を独占するという役割を担っていたのであろう。

さらに私の推論を補強する意味で、何点かについて著述していきたいと思う。

私が奇異に思うのは、魏志倭人伝に記されている伊都国の戸数の少なさである。伊都国に隣接する奴国が二万余戸の戸数を擁するのに、伊都国には千余戸の戸数しかなかったという。実はこのことが、糸島に伊都国が存在しなかったと主張する私の根拠でもある。良田がなかった壱岐や松浦半島でさえ三千余戸と四千余戸の戸数を擁していたのであるから、伊都国が稲作のより進んでいたであろう糸島に存在していたら、千余戸以上の人々が居住していたはずである。

やはり私の主張通り、糸島には伊都国は存在していなかったとするのが妥当ではなかろうか。

それでは伊都国が佐賀県多久市付近に位置したと比定した場合、何故に伊都国の戸数を千余戸としたのか？

実は魏志倭人伝の中に、それを解明するヒントが隠されているのである。

魏志倭人伝の中には、伊都国以外に千余戸の戸数と書き記された国がある。對海国と不彌国の二国である。そして對海国について、その国柄を以下のように特徴づけている。

「……始度一海千餘里至對海国其大官曰卑狗副曰卑奴母離所居絶島方可四百餘里土地山險多深林道路如禽鹿徑有千餘戸無良田食海物自活乗船南北市糴……」

對海国は山が険しく森林に覆われ、道は獣道のようである。良田は無く海産物を採取して生活しているが食料が不足しているため、交易にて生計を立てている。

そしてそういう国であるから、戸数は千余戸なのである。

同様に、伊都国も盆地であり山地に囲まれた地勢である。良田は少なく人々は狩猟や採取生活に従事しているが、生活が困難なために他の国と交易することで生活している。国柄としては、對海国と似ている。だから戸数も對海国と同じく千余戸と記録したのであろう。ならば、もう一つ戸数千余戸とされた不彌国も山地に位置する倭国ではないかと想像させる。

次に奴国（ドコク・ヌコク・ナコク）について述べてみたい。

伊都国の位置が、佐賀県多久市周辺と比定すれば、必然的に奴国の位置も比定されることになる。魏志倭人伝では、奴国について伊都国から東南に位置し、その距離は百余里であり、戸数は二万余戸（伊都国の二十倍）と書き記している。

伊都国から奴国までの距離が百里というのは、両国が境界を接していることを表現しているのであろう。また、他の倭国と比べて格段に多い戸数は、奴国が稲作を中心とする国柄で、広大な穀倉地帯に位置していることを示している。

ならばこれはもう多久市の東方向に広がる筑紫平野を指しているとしか思えない。

更にもう少し奴国の位置を絞り込んでみたい。

奴国の西の境界は、無論伊都国と接している。その境界線は小城町の西部から牛津町そして芦別町を結ぶラインである。

北の境界は、脊振山地の南山麓に沿って、小城町から大和町、東脊振町、中原町までを結ぶ地域と考えたい。

問題は南と東の境界線である。

国土地理院の地図ウェブサイトを参考にして推理していくが、有明海における現在の海岸線と古代の海岸線は、大きく乖離していたことが窺われる。

それは一つには、三世紀の弥生時代には、海水面が現在より七メートルないし八メートルも高かったこと。二つには、古代より現在まで為政者や人々が、絶え間なく開墾事業や干拓事業を行ってきたことによる。例えば、地名に新田、新地、新屋敷、新村、開地などと名付けられた地域は、ほぼ開墾地・干拓地であり昔は海辺や池沼であったと考えてよいだろう。また、内陸部に位置しているにもかかわらず、○○津、○○江、○○浦などの地名を持つ地域は、古くは海に面していたと考えて良いのである。

以上を参考にして分県地図を見ると相当範囲を小さく見積もっても、有明町の東部から白石町の東部、江北町の南部から芦別町、久保田町、諸富町を結ぶ線まで、元々は海水域であったと想像される。

つまり、現代人の私たちが古代の地形を想像する場合、現在の地形より遥かに内陸部まで海が入り込んでいたということを絶えず念頭に置いていなければならないということである。

この事は、奴国の東側境界であったと推定している筑後川流域についても同様である。九州随一の大河筑後川は、筑紫平野を滔々（とうとう）と縦断して有明海に注ぎ込んでいる。筑後川の源流は大分県玖珠（くす）町の水分峠付近を水源域として玖珠川の名称で西に流れる。玖珠川は、大分県日田市で南から流れ込む大山川と合流して三隈（みくま）川と名前を変更する。そして日田市夜明関町付近で、漸く筑後川という名称を得るのである。

筑後川は、中流域の福岡県久留米市までは緩やかに蛇行して宝満（ほうまん）川と合流する。この合流点で南へ流れを変えて東西に大きく蛇行しながら河口部福岡県大川市と佐賀県川副町に至り、有明海に流れ込むのである。

また筑後川最大支流である宝満川は、大宰府の東、三郡山（さんぐんさん）標高九三六メートルを最高峰に持つ三郡山地を源流域として南へ流れ筑後川に合流する。

直接的に奴国と関係するのは、筑後川の中流域から河口部まででであろう。

今、分県図で筑後川の流れを辿ってみると、筑後川本流は久留米市付近で緩やかに左へカーブを描きながら宝満川と合流して河口部の大川市へ流れ込んでいる。これに対して福岡県と佐賀県の県境は、この本流を中心として左右にヘアピンカーブを描いている。その左右への振れ幅は、平均一・五キロメートル程であるが、最大では二・五キロメートルにも達する。

つまり、現在の筑後川本流の左右に、福岡県・佐賀県がそれぞれ半円形の飛び地を所有していることになる。

これは古代の筑後川の流れは、現代のそれとは違い大きく蛇行していたことを意味している。

元々佐賀県と福岡県の境、それは肥前国と筑後国の国境と言ってもよいが、両国の国境は筑後川本流の中心により境を確定していたものである。古代から中世までの筑後川は、

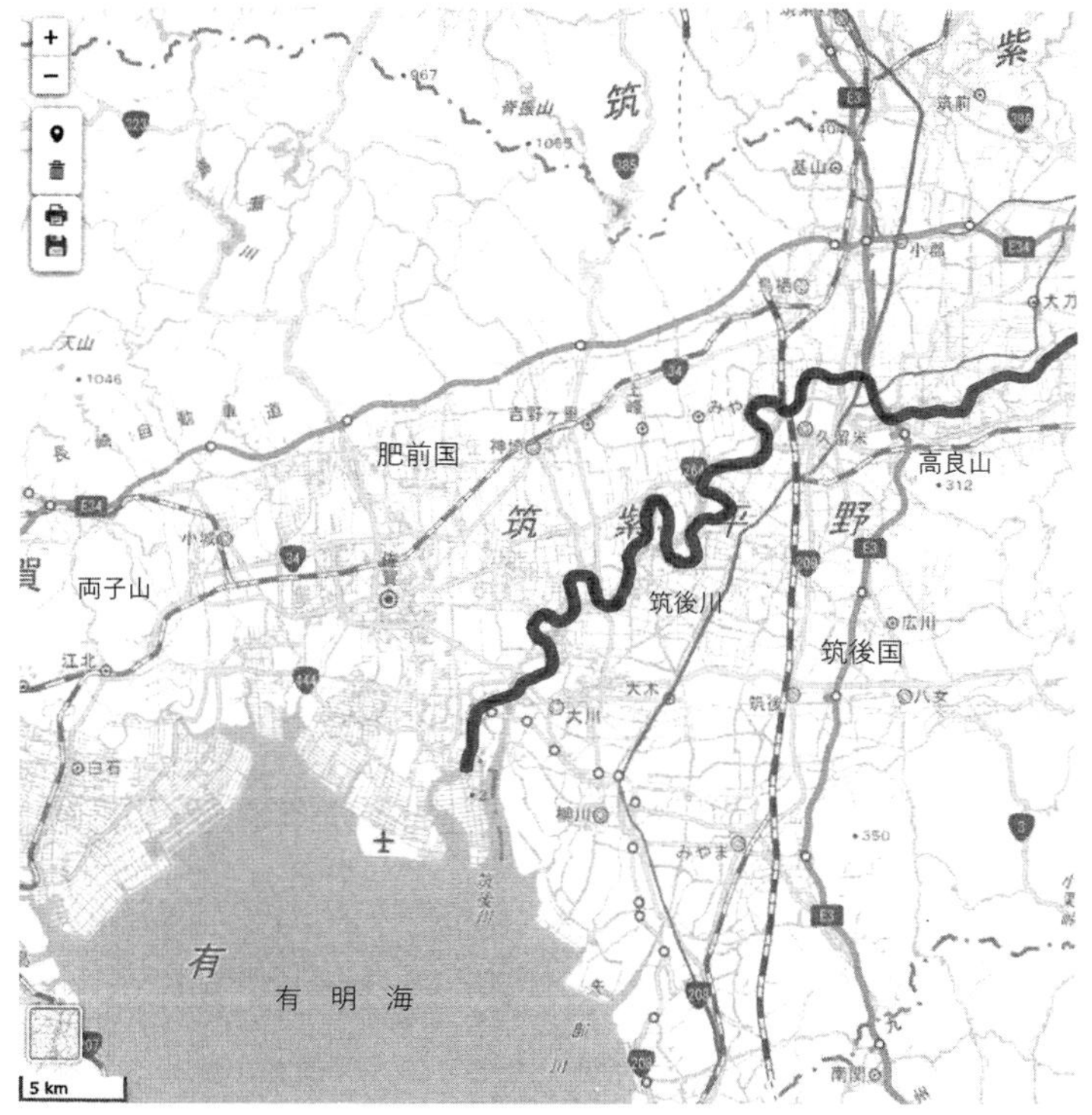

中世以前の筑後川の流れ

出典：国土地理院ウェブサイト（https://mapps.gsi.go.jp/maplibSearch.do#1）地図データに文字・記号・線を著者が記入して作成

この国境のラインに沿って大きく蛇行しながら流れていた。

蛇行していた筑後川本流の痕跡は、いたるところに見受けられる。久留米市北部に隣接する高野町・小森野町では、筑後川本流は現在では町の南側を流れているが、昔は両町の北側を迂回していたことが地形上明らかである。また佐賀県三養基（みやき）郡坂口地区でも昔日の筑後川本流は、支流上津荒木川との合流点のカーブ沿いに流れていたことが容易に想像できる。

千七百年前の昔、筑後川の流域面積は現代人である我々の想像を超えて広大であった。曲がりくねった本流と遊水池、それに付随する池沼・湿原、そして数知れないほどの支流の合流が、全体として筑後川流水域を形成していた。

筑後川は筑紫次郎や千歳川（ちとせがわ）の異名を持つが、地元の古老たちは恐れと畏敬の念を込めて大川（おおかわ）と呼ぶ。大川は下流域で生活を営む人々に、氾濫という災厄と肥沃土という恵みをもたらした。また大川は、倭国を分断する天然の障壁でもあったのだ。

奴国の東側境界は、この筑後川によって規定されていた。筑後川は奴国に膨大な富を与えたが、奴国が東あるいは南へ勢力を伸張するのを拒んだのである。

結論としては、奴国の東側境界線はこの筑後川西岸まででであったろう。

そして奴国の中心地は佐賀県大和町であったに違いない。大和町は奴国比定区域の中心

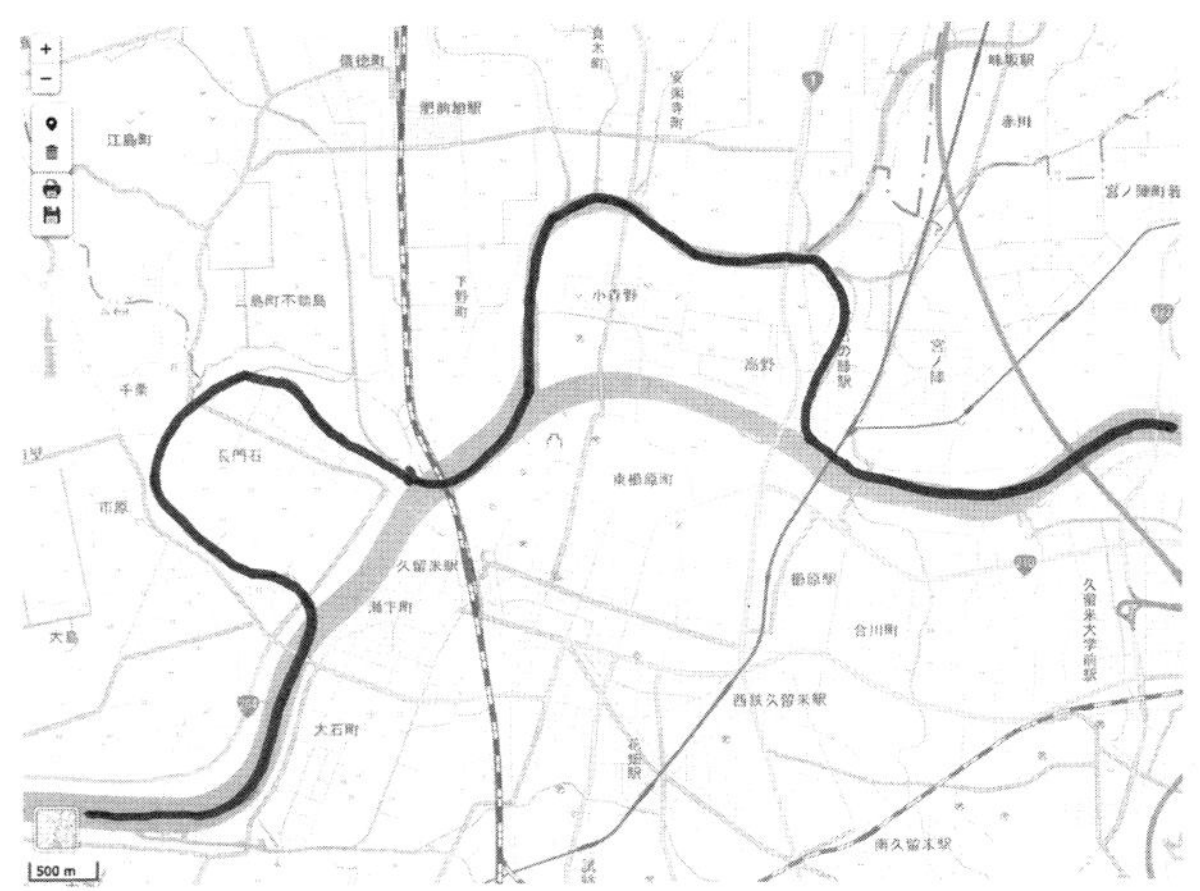

久留米市筑後川旧流

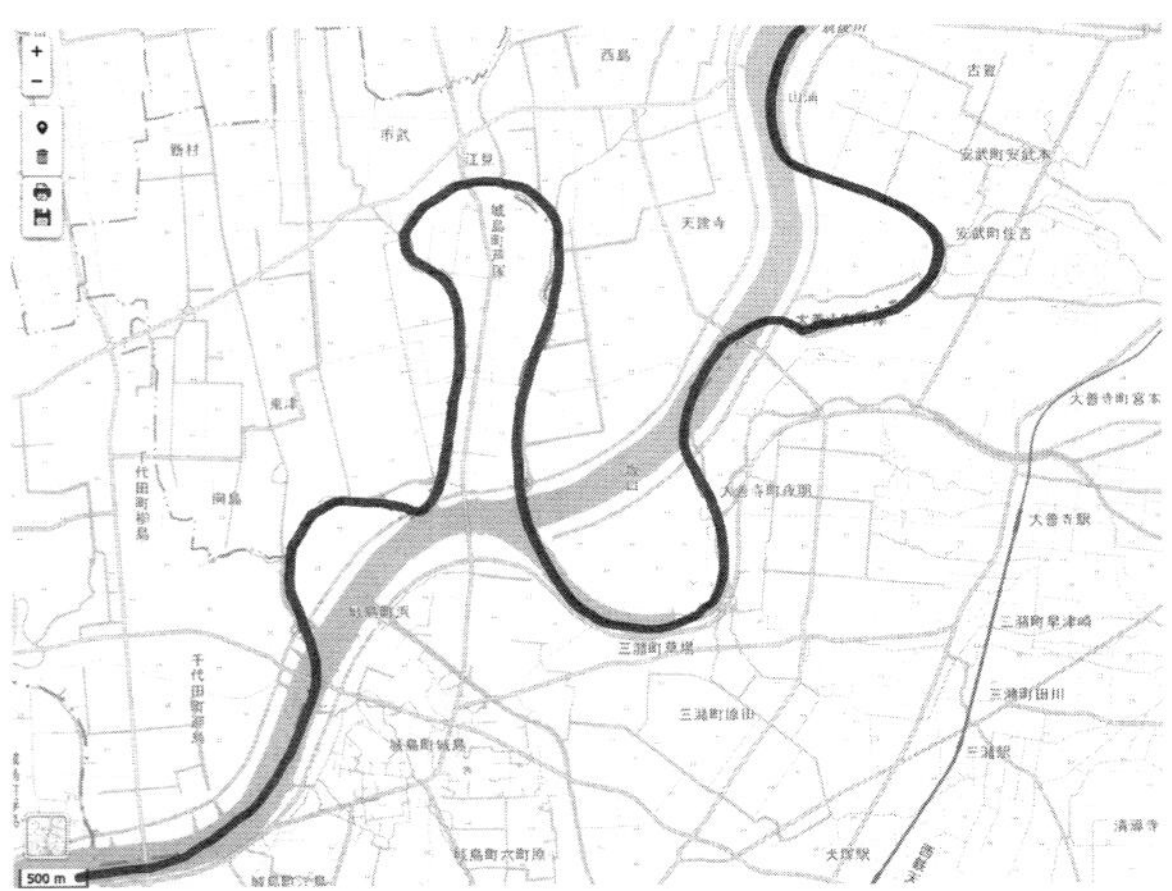

筑後川坂口地区

出典：国土地理院ウェブサイト（https://mapps.gsi.go.jp/maplibSearch.do#1）地図データに文字・記号・線を著者が記入して作成

に位置し、後年奈良時代には肥前国府が置かれた所である。

さてこれで奴国の位置も比定しえたと思うが、更にもう一つの国についても言及してみたい。

その国の名は不彌国（フミ・フヤ）である。不彌国について、魏志倭人伝は次のように記している。


「……東行至不彌國百里官曰多模副曰卑奴母離有千餘家……」


僅か二十二文字だけである。それに小国である。對海国や伊都国と同様に千余家しか戸数がない。魏志倭人伝では、この不彌国は伊都国の東百里に位置していると記している。つまり伊都国と国境が接しているか隣接していることになる。ところで前述の奴国も伊都国の東南百里に位置しているのだから、不彌国は伊都国の東と奴国の北側に接して位置していることとなる。

ならば、不彌国の位置は明確である。

私は、不彌国は脊振山地の南側山麓一帯に存在する山国であったと思う。伊都国でも推定したように、不彌国の戸数が千余家であるというのが山国であったことを示唆している。

さらに想像を逞しくすれば、伊都国と同じく交通の要所であったからこそ魏志倭人伝に書き加えられたと考えるのである。

ではその要所とは何処か？

それは脊振山地と筑後川水系宝満川が交わる所、佐賀県基山町（きやま）・鳥栖市周辺に不彌国が位置していたと推定する。この一帯では数多くの遺跡群が発見されている。安永田遺跡・田代太田古墳・五郎山古墳などである。

この地が不彌国中心地であり、邪馬台国の官吏多模と副官卑奴母離の駐在する所である。実際、宝満川西岸から脊振山地の東部に位置する基山（きざん）・群石山（ぐんせきさん）の間を押さえられると、奴国から福岡平野へは何人も行き来出来なくなる。まさに交通の要所であり、邪馬台国が自国より北に位置する倭国を統制するためには、支配しておかなければならない国なのである。

さてこの章では伊都国と奴国そして不彌国の位置を比定してきた。

私がこれまでの推理の基礎としたのは、既成概念やこれまでの比定地・地名に囚われないということである。現在の地名を基礎に倭国を比定しようとすると、堂々巡りの迷路へ落ち込んでしまう。

目の前に道路地図や地形図を広げ、その地図から道路、橋梁、都市部などの人工物を取り除き、古代の地形を想像して網膜に古代の地形を再現するのである。

そして、魏志倭人伝の文字、行間から滲み出てくる魏使や陳寿の思想・感受性・息吹を感じ取り古代の地形図へと重ね合わせていく。私は、そうして推理を進めてきたつもりである。

だがまだ推理は終わっていない。最終章に入る。この章で、私は邪馬台国の位置を特定するつもりだ。

4　邪馬台国の位置比定について

これまでに述べたことを纏めると、伊都国は佐賀県多久市周辺、奴国は多久市の東から小城町、佐賀市、神崎町を含む地域で有明海と筑後川の西岸に挟まれた地域だと推定してきた。

そして伊都国と同じく山国で交通の要所でもある不彌国は、佐賀県鳥栖市から基山市にかけての地域で宝満川により扼する地域であると考えている。

地形的には、九州の主要な穀倉地帯である筑紫平野西北部を支配する奴国を、西側と東から監察する位置に伊都国と不彌国が位置していることになる。

特に伊都国は中国との交易路にあたるため、邪馬台国は一大率を置いて直轄地として支配するとともに、諸国を監視させていたのであろう。

さて問題の邪馬台国の位置であるが、魏志倭人伝では、帯方郡（ソウル周辺）から邪馬台国までの総旅行日程を水行十日陸行一月としている。

この日数は魏使一行が帯方郡（ソウル周辺）の役所を出発して、朝鮮半島西岸に沿って水行する日数、途中から朝鮮半島を斜めに横断陸行した日数、朝鮮半島南岸（釜山周辺）から倭国に渡海する日数、末盧国から邪馬台国に陸行する日数と、荷造り・風待ちなどの予備日数を全て包含すると見てよい。

つまり梯儁ら魏使一行は、約四十日間の日数を要して帯方郡から邪馬台国に到着したということになる。

更に魏志倭人伝では、帯方郡から邪馬台国までの距離を一万二千余里としている。この一万二千余里はもちろん虚数である。これまでにも述べた通り大陸人である魏使たちに、海峡の距離を計測することは出来ない。

虚数を幾らあれこれ加算しても差し引いても実数にはならない。

では魏志倭人伝では、帯方郡から邪馬台国までの距離につき何を根拠に「萬二千餘里」と書き記したのであろう？

実はこの疑問に対する解答も魏志倭人伝に記載されている。

「……自郡至女王国萬二千餘里男子大小無皆黥面文身自古以來其使詣中國皆自稱大夫夏后少康之子封於會稽斷髮文身以避蛟龍之害今倭水人好沈没捕魚蛤文身亦以厭大魚水禽後稍以為飾諸國文身各異或左或右或大或小尊卑有差計其道里當在會稽東治之東

……」

倭国では、男は大人でも子供でも顔や体中に入れ墨を彫っている。昔から倭人が中国に使いする時には、大夫と自称している。昔、夏王朝の少康の子が會稽の地に封ぜられた時、人々を鮫などの害から避けるために、人々の体に入れ墨を彫らせて害を避けさせたことがある。

いま、倭の海人は水に潜って魚や貝を捕えているが、やはり体に入れ墨を彫って大魚や水獣から身を守っている。後には入れ墨は飾りとなって、諸国によって大きさや彫る位置も変わってきたし、身分によっても変わってきた。

今、帯方郡から倭国までの道のりを測ると、倭人の入れ墨の風習から判断して倭国は會稽東治の東海上に位置し、その距離は帯方郡から會稽東治までの距離一万二千余里と同じである。

つまり魏志倭人伝自体が、帯方郡から邪馬台国までの距離「萬二千餘里」とは推定値であり、実距離ではないと明言していることになる。

これまで多くの学者が、この「萬二千餘里」と各里程の合計との差を計算しそれぞれの比定地に当てはめてきたが、それは徒労でしかなく無意味である。

ただ里程で信用してよい距離は、魏使一行が陸行の際に歩測した末盧国―伊都国の五百里、伊都国―奴国の百里、伊都国―不彌国間の百里だけである。もちろん百里という距離は、国と国とが近接、隣接していることを意味している。

奇妙な落差七千里、五千里、一千里という過大な数字と五百里、百里という小さな数字の差というのは、虚数と実数の違いと見れば納得できる。

さて、いよいよ邪馬台国の位置を推定することにしよう。

魏志倭人伝では、邪馬台国の風土について詳しく記述している。倭人の習慣、風俗、身分制度から植物、動物などの種類全般に亘って書き記している。

実はこうした記述の中で不可解に思う点がいくつかある。

これから述べていくが、その一つは倭人の年齢についてである。

魏使倭人伝では、倭人の年齢についてこう記載している。

「……其人壽考或百年或八九十年……」

寿命は、あるいは百年、あるいは八、九十年で……

倭人は、八、九十歳から百歳まで長生きすると書き記している。流し読みだけでは見逃しそうな文字であるが、よく考えれば実に不思議な記述なのである。

三世紀の倭国では、文字が未だ使用されていなかったのである。ということは当然暦法も戸籍もなかったのだから、倭人は、自分の歳を八、九十歳だと何を根拠に判断したのであろうか？

自分事で恐縮であるが、例えば私の場合、年齢は昭和二十六年生まれの七十一歳である。最近とみに耄碌が進み、時折自分の年齢が分からなくなる時がある。それで自分の歳を確認するのに私はこう計算している。自分の誕生年昭和二十六年に二十五をプラスすると、西暦一九五一年が私の誕生年となる。そして今年西暦二〇二二年から誕生年一九五一年を差し引いた七十一年が私の年齢となるのである。

それでは今、年号がなく当然自分の誕生年もなく、戸籍も無かったとしたら私はどうやって自分の年齢を把握すれば良いのだろうか？

ご理解いただけたろうか。三世紀弥生時代の倭人には、自己の年齢を数えることなど出来なかった。いや、年齢を数えるという概念があったかどうかも疑わしい。

明らかに魏志倭人伝は確認不能なこと、有り体に言えば嘘を書いている。

実は、魏志倭人伝では、他にも矛盾する事を記述している。

その部分を記載するが、

「……其俗大人皆四五婦下戸或二三婦婦人不淫不妬忌不盗竊少諍訟其犯法輕者没其妻子重者没門戸及宗族」

倭国の風俗を見るに、大人は四、五人の妻を所有しており、平民でさえも二、三人の妻を所有している。婦人は淫らで無く嫉妬することも無い。盗みは無く訴訟も少ない。法を犯した者は罪の軽い者は妻子を奴隷にされ、罪の重い者は一族皆殺される。

魏志倭人伝でのこの記述は、文の前半と後半は矛盾している。前半では犯罪がないと言っているのに、後半では犯罪に対して厳罰主義で取り締まっている。つまり、見せしめとして厳罰を加えるということは、盗みなどの犯罪が日常的に発生していることを示している。

倭国は長い間騒乱に明け暮れていたが、騒乱自体が富の奪い合いであり最大の盗みである。現在は、邪馬台国の卑弥呼を女王として戴いているために、倭国同士が静謐しているに過ぎない。

それでは何故に、矛盾した記述になってしまったのか？

実は、魏使一行は邪馬台国を理想郷（ユートピア）として考えたのではないだろうか？

理想郷というよりは、神仙峡と考えた方が良いだろう。

先に述べた倭人が長寿であると記述していること。婦人が淫らでもなく嫉妬もしないこと。盗みもなく社会が身分に従って秩序だっていること。葬儀の後に沐浴するなど水を神聖化しかつ非常に大事にすること。更に卑弥呼の居住した場所には、「楼観城柵」が築かれていたと記されているが、「觀」は元々仙人を招く場所を意味していること。

これらは全て神仙峡の存在条件である。

「卑弥呼は鬼道を事としよく衆を惑わす」という魏志倭人伝の記述から、卑弥呼と中国の初期道教との関係に言及した学者は多い。だが私は寧ろ魏使梯儁か、あるいは魏志倭人伝を編纂した陳寿の意識の中にこそ、神仙峡としての倭国が存在していたと思えてならない。

参考になるか分からないが、陳寿と同時代に葛洪（二八三－三四三）という人物がおり、彼は古来の仙人の伝記を集めた『神仙伝』、神仙思想や金丹（不老不死薬）の術を編綴した『抱朴子』という本を著している。葛洪は、陳寿より五十歳年下であったが、神仙峡や仙人の伝承を纏めて本に著したということは民間伝承としても広く流布されていたのであろう。

梯儁や陳寿たちが、倭国についてまず想像したのは、方士「徐福」の伝説であったに違いない。

徐福とは、秦の始皇帝を誑かして出し抜いたあの徐福である。

紀元前二二一年に中国を統一した始皇帝は、不老不死を願って四方八方へ家臣を派遣して不老不死の妙薬を求めさせた。

その始皇帝の願いに付け込んだのが道教の方士であった徐福である。彼は、中国の東海の海上に蓬萊山があり、そこには仙人が居住し不老不死の妙薬を持っていると説いたのである。そして始皇帝に莫大な金品を出させ、不老不死の妙薬を求めるとして、自ら多くの童男童女を率いて東海へ船出したという。

無論、不老不死の妙薬などあろうはずもない。秦の始皇帝の怒りを恐れた徐福は、そのまま身を隠し行方不明となる。一説には何とか倭国に流れ着き、引率した童男童女の生き残りとともに土着したとの説話も存在する。

佐賀県には、徐福は無事に有明海沿岸に漂着したという言い伝えが残り、佐賀市金立町にその立像が残されている。

以上が徐福の逸話である。

ただ「徐福の逸話」だけで、魏使たちが邪馬台国を神仙峡あるいは徐福の末裔と認識したのではないだろう。

末盧国は、邪馬台国への入り口であった。

魏使一行は末盧国から松浦川と厳木川沿いに遡上し、笹原峠という深山幽谷を通り抜け豊穣な奴国・邪馬台国に到着したのである。これは正に魏使をして、下界から神仙峡へ到着したのだと感じさせるに十分である。

つまり邪馬台国は、末盧国・伊都国からの方向・里程・戸数ばかりでなく、神仙峡としての条件も満たさなければならないということになる。

それでは邪馬台国の位置比定条件を列挙してみよう。

一、邪馬台国は、伊都国・奴国の南方向に位置している。
二、伊都国・奴国からの里数が記載されていないので、邪馬台国は両国に近接あるいは隣接していること。
三、邪馬台国の戸数は、伊都国の七十倍、奴国の三・五倍であることから、それだけの人を養う穀倉地帯を含むこと。
四、卑弥呼の「鬼道」を行うための神秘性、神仙峡を感じさせるための山地を一部含む地域であること。
五、水の豊富な地域であること。

六、大陸からの文明は常に北方からもたらされる為、北方向へ開けた土地であること。
　大陸に背を向ける南斜面では有り得ないだろう。


これらの条件を満たす地域は、自ずと絞られる。

それは筑後川南岸であり、旧国名筑後国のほぼ中心部一帯である。筑後平野も佐賀平野を凌ぐ穀倉地帯である。この穀倉地帯でしか、邪馬台国の戸数七万余戸（もちろん実数は少ない）を養えない。

邪馬台国についても、奴国同様に位置を絞り込んでみよう。

邪馬台国の北と西の境界は、筑後川の南岸と東岸であることは明白である。東側境界線は、筑後国と豊後国を分ける日田市夜明関辺りだと推定している。筑後川がそう呼称されるのは夜明関からであり、その上流は三隅川と呼称されている。

南の境界は、夜明関―星野村―黒木町―八女―筑後市―柳川市を含む地域と推定できる。

そしてこの南に邪馬台国と抗争を繰り返していた狗奴国（クド・クヌ・クナ）が位置していたのであろうが、その支配地は筑後国の南側一部と肥後国に及び、おそらく邪馬台国に対抗できる一大強国であったろう。更にこの狗奴国の南に邪馬台国の同盟国投馬国（トウマ・ツマ）が位置しているが、おそらく現在の宮崎県周辺であったろう。
筑後川南岸に位置した邪馬台国の中心地は久留米市高良山（こうらさん）（標高三一二メートル）付近であり、ここで卑弥呼は鬼道をよくしたのだ。

この高良山の地もやはり要地である。
耳納（みのう）山地の西端に位置する高良山からは、筑後平野や佐賀平野が一望できる。特筆すべきことは、伊都国の監視所が置かれた両子山や不彌国と比定した基山とも、烽火（昼間は狼煙、夜は炎）を利用して即座に連絡することが出来るのである。

邪馬台国は、自国より北に位置する倭国三十国を自らは統治せず、伊都国に一大率を置いて統治させている。これは邪馬台国と他の倭国とが、筑後川にて分断されており直接統治する事が出来なかったからであろう。そして伊都国だけでなく不彌国も倭国統治に深く関わっていたと推理するが、魏志倭人伝では邪馬台国までの里程に関係が薄いため略載したのであろう。

では筑後地方の北部地域を邪馬台国と比定した場合に、魏志倭人伝の方向記述や里程記述について矛盾はないのか？

伊都国まで魏使一行が来訪したのは明確である。ほぼ全ての研究者がそのことを認めているし、魏志倭人伝を読めば誰でも理解できるであろう。

魏志倭人伝では、里程について「到」と「至」の文字を使い分けている。「到」の文字が使われているのは二カ所だけだ。一カ所目は、倭国の北岸狗邪韓国へ魏使一行が到着した時で、二カ所目は伊都国に到着した時の記載である。この「到」の文字からは、魏使梯儁が艱難辛苦（かんなんしんく）の上、漸く到着できたという詠嘆の声を行間から感じ取れるではないか。

私は、伊都国を佐賀県多久市付近であったと指摘したが、実は、この地から奴国、不彌国、邪馬台国が見えるのである。それは両子山に登れば良い。前章でも述べているが、古代両子山は肥前最大の重要地であった。当然、標高三三七メートルの頂上には、監視のための望楼や連絡のための烽火台が築かれていた。伊都国に宿営していた魏使たちは、次に自分達が向かう目的地の方向と距離を確認するために、両子山に登り望楼に上がったに違いない。そしてその望楼からは、東方向に不彌国、東南方向に奴国を視認することが出来る。またその奴国の南側に筑後川越しに邪馬台国を望見できたのである。

魏使一行は、邪馬台国まで到着しなかったという説がある。

魏使梯儁の役目は、少帝の答礼使として邪馬台国の女王卑弥呼に拝謁し「親魏倭王」の金印や詔書を卑弥呼に下賜することであるから、梯儁一行が伊都国に留まって邪馬台国に行かなかったとは考えにくい。

但し万一梯儁達が邪馬台国に行かなかったとしたら、物理的に行けなかったのであろう。

これまでも記述しているが、魏使が倭国へ使いしたのは夏である。これは筑後川の増水期でもある。筑後川は梅雨入りとともに水嵩を増していき、七月、八月、九月まで高水位を維持する。特に梅雨の長雨時期と九月の台風シーズンには大奔流となって、しばしば筑後川沿岸を席巻する。

この川がどれほどの被害をもたらすか、参考に昭和二十八年の大水害について当時の資料から記述する。

昭和二十八年六月二十五日に降り始めた豪雨は、二十六日、二十七日そして二十八日の夜半まで降り続け、西日本各地に大災害をもたらした。この洪水で筑後川、矢部川、遠賀川の堤防決壊箇所は四千七百五十カ所、流失した橋梁が二千五百カ所、道路の損壊は一万二千カ所に及んだのである。更にこの災害で、死者・行方不明者五百二十名、九州一円で百五十万人が被災し、それらの損害額は福岡・佐賀・大分・熊本四県で三千六百億円に上っている。

正に未曾有の大水害だったのだ。筑後川の本流は濁流となり、インフラ、地域住民の生命、家屋、家畜、田畑を呑み尽くしてしまった。

逆巻き渦巻く濁流の中、藁ぶき屋根につかまりながら筑後川を流されていく罹災者の写真は、今でも強く胸打たれるものがある。

この大水害は、防災と治山治水事業の教訓とされた。筑後川の流域に暮らす子供たちは、小学校や中学校に入学して社会・地理の授業になると、教師たちに繰り返し当時の災害の模様を聞かされ伝承されていったものである。

この大水害から、既に七十年が過ぎようとしている。

今でも地元の小中学校では、教材としてこの水害が取り上げられているだろうか？

横道に逸れてしまった。

私が言いたいのは、治水事業が比較的整備された現代でも筑後川は、増水期にはこれほどの大災害を引き起こしたのである。ましてや人間の手つかずのままであった古代においては想像を絶するものがあったに違いない。

もし魏使達が邪馬台国に行けなかったのであれば、この筑後川の増水により渡河出来なかったのであろう。

更に、実は魏使達が筑後川を渡河出来なかった理由が、もう一つ存在したと推理する。

私の考えでは、彼らは有明海に「帰墟（ききょ）」を見たに違いない。この「帰墟」も神仙峡の存在条件である。

古代の中国の民衆は、蓬莱山などの神仙峡が存在するとされた東海の海底には、絶えず水が落ち込んでいく底知れぬ穴があると信じていた。この底知れぬ穴を「帰墟」と呼称したのである。これは当時の人々の世界観を示すものでもある。

有明海は干満の差が非常に大きい海としても知られている。その有明海へ、筑後川は膨大な水量を注ぎ込んでいるが、これは満潮時に特徴的な現象を起こす。潮が満ちて来るに従って筑後川は逆流現象を起こし始める。勿論実際は逆流しているわけではない。干潮であろうと満潮であろうと、筑後川から有明海への水の流入量は変わらない。ただ満潮により有明海の海水面が上昇し、海水と真水がぶつかり合う地点では筑後川が海中に潜り込んで行くため、海水の表面上は逆流現象が生じることとなる。

この現象を魏使達はどう感じたであろうか?

恐らく彼らは、有明海の底には筑後川の膨大な水さえも呑み込む底知れぬ穴、すなわち「帰墟」があるに違いないと思ったであろう。そして魏使一行は、この地こそ神仙峡に相違ないと確信するとともに、この筑後川を渡河するなど不可能と恐怖したのである。

これら二つの理由、筑後川の増水期であること、「帰墟」への恐怖のために、魏使一行は伊都国に留まったということは考えられる。

ただ私は、梯儁ら魏使一行は最終的には水位が減少する冬季に有明海を渡海するか、筑後川の上流で渡河して邪馬台国へ至り、女王卑弥呼に拝謁したと思っている。

さて、推理を元に戻そう。

都合の良いことに、両子山に魏使が登ったと仮定した場合、もう一つの謎の国「投馬国」の記述が解決するのである。

魏志倭人伝では、伊都国から投馬国へ至るには水行二十日であり、大官を彌彌と言い、副官を彌彌那利であると書き記している。

厄介な国である。

伊都国を糸島半島に比定する限り、半島の南には陸地しかないため、投馬国を何処に比定するか始末に困るのである。対して伊都国を多久周辺とした場合、伊都国の南有明海に面する地域に湊を持つことになる。伊都国ばかりでなく奴国、邪馬台国も有明海に湊を持っている。

つまり南へ水行二十日（海岸沿いに水行する日数と停泊地での宿営、風待ち潮待ちの日数を含む倭人からの伝聞日数）して投馬国へ至る出発地が確保されるのだ。

その上、何故に帯方郡から邪馬台国までの紀行報告書である魏志倭人伝に、投馬国の記述が記されたのかも理解できる。両子山に登った魏使一行に対して、案内人である伊都国の役人は以下のように説明したのであろう。

東に連なる山国が不彌国である。目の間の東南に広がる穀倉地帯が奴国であり人々は沢山住んでいる。その南に微かに望見できるのが邪馬台国であり、女王卑弥呼の住む所で奴国より人々は多い。南に広がる海の彼方に、邪馬台国と友誼を通じている投馬国があり、この国に行くには湊伝いに船で二十日くらいかかる。人口は奴国と邪馬台国の間くらいである。

いかがであろうか。案内人でもある伊都国の役人が、右のように魏使一行に説明したからこそ、邪馬台国への紀行には直接関係ない投馬国の魏志倭人伝への記述が理解できる。

さて邪馬台国を矛盾なく比定出来たであろうか？

私の推理を荒唐無稽な暴論と捉えるか、或いはその中に一縷の真実を見いだすことが出来るか、是非とも読者の反論を期待するものである。

最後に、従来の学説について一言触れてみたい。

これまで多くの学者が邪馬台国を考察するにあたって、地名比定はやらないと言いながら、事実上、伊都国は糸島半島の怡土郡と、また奴国は博多の那の津と決めてかかっていた。

不思議な話である。

伊都国は「イト」とも発音するし「イツ」とも発音出来るのである。或いは古代には、もっと別の発音をしていたかもしれない。同様に、奴国も「ナ」という発音以外に「ド」、「ヌ」とも発音する。

これらの言葉からは、伊都国が怡土地方に存在し、奴国が博多の那の津に存在したという根拠にはなり得ない。にもかかわらず語彙・発音の類似性を強引に結びつけ、多くの研究者が伊都国を糸島半島に、奴国を博多周辺に比定してきた。そして自分達の都合の良い場所に邪馬台国を比定するため、魏志倭人伝の方向・里程・日数の改定まで行ってきた。

何故そうなったか不思議でたまらない。

私は、邪馬台国比定地を考察するにあたり、予断を持ったつもりはない。魏志倭人伝に記されている内容を吟味し、事実の部分、誇張された部分、編集した陳寿の思いを汲み取って推理してきたつもりである。

まだまだ書き足りない部分がある。邪馬台国と狗奴国との戦いとその結末について。投馬国の倭王の末裔が、日向から神武天皇として東遷した可能性などなど。

もう一度機会があれば触れてみるつもりである。

参考資料

『魏志倭人伝　他三篇』石原道博編訳
『古代史疑』松本清張
『陸行水行』松本清張
『銅鐸と女王国の時代』松本清張編
『古代史の迷路を歩く』黒岩重吾
『謎の古代女性たち』黒岩重吾
『古代浪漫紀行』黒岩重吾
『「邪馬台国」はなかった』古田武彦
『まぼろしの邪馬台国』宮崎康平
『邪馬台国の秘密』高木彬光
『古代天皇の秘密』高木彬光
『古代史を推理する』邦光史郎
『邪馬台国を推理する』邦光史郎
『逆説の日本史　古代黎明編』井沢元彦
『佐賀県の歴史』城島正祥・杉谷昭
『筑後川歴史散歩』角田嘉久

『八甲田山死の彷徨』新田次郎
「佐賀県分県地図」昭文社
「佐賀市」昭文社
「地形図」国土地理院発行
「地図検索システム」国土地理院

帰農への道

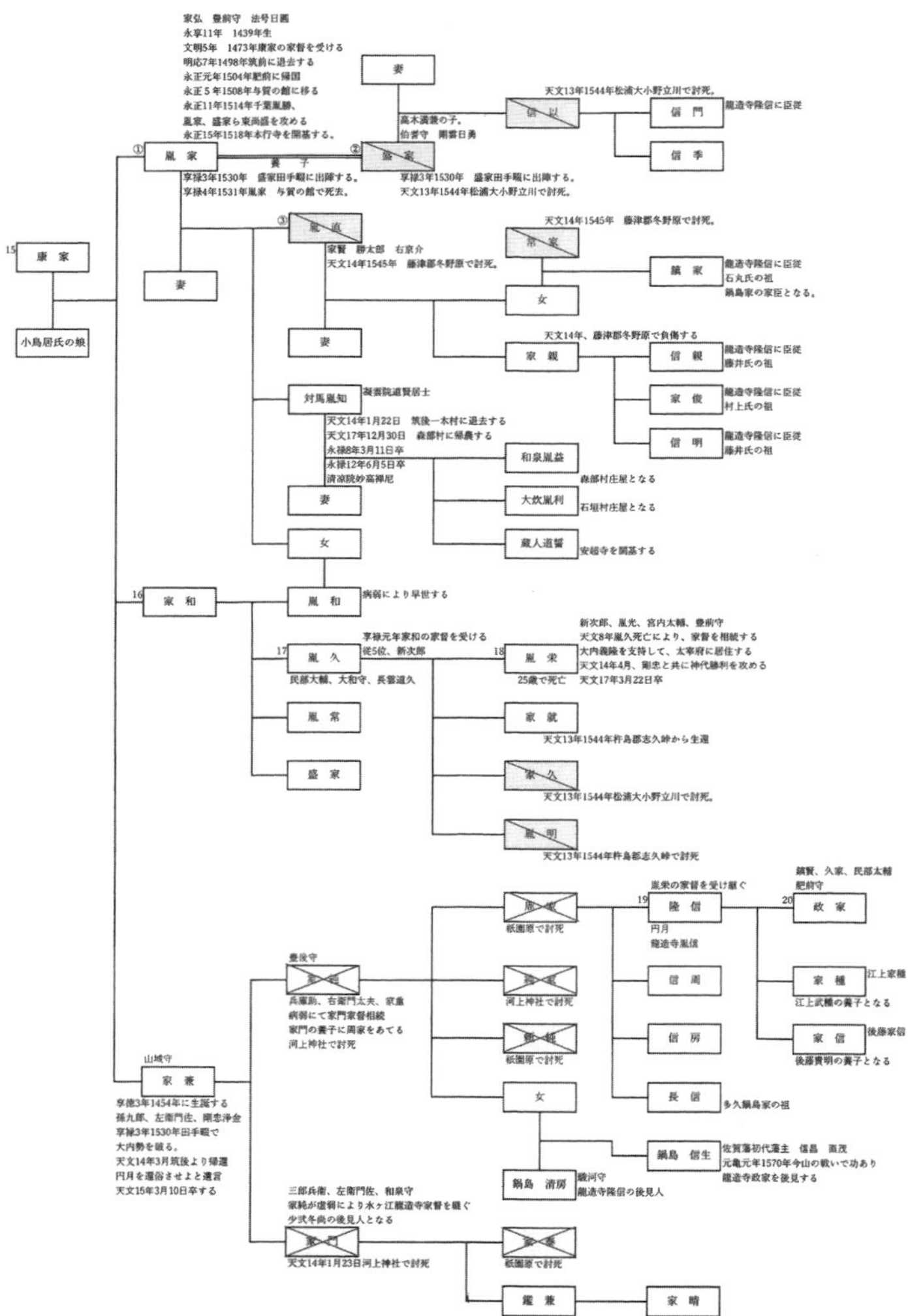

天文14年馬場頼周の変　龍造寺一党家系図

1

筑前国立花城の山麓も紅葉に彩られていたが、その色づいた紅葉も冬の準備で名残を惜しみながら散らしていた。

天文十七年（一五四八年）も暮れようとしている。

筑前・豊前の国は元々少弐氏の知行地であったが、周防・長門・安芸・石見守護に任官していた大内義興（よしおき）が少弐氏・大友氏と激烈な戦いを繰り広げながら両国を支配しようとしていた。享禄元年（一五二八年）十二月二十日、大内義興の死亡に伴い嫡子大内義隆が家督を相続し中国四カ国の守護に任じ、豊前・筑前二国も享禄年間には大内義隆の知行地となっていた。また大内義隆は、豊前守護代に杉重矩（しげのり）を、筑前守護代に杉興運（おきゆき）を任命して強力な領国支配を行っていた。

立花城は筑前国博多の北西三里に位置する山城であるが、その地の利を生かして博多を睥睨（へいげい）し、また豊前・周防・長門への陸路を扼している。

その山麓に一軒の侍屋敷が建てられていた。元々は立花口村の大人衆の住家であったものを戦乱で焼け落ちたのを契機に侍屋敷へと立て替えられ、筑前守護代杉興運の監督に属したものである。敷地の広さは三〇〇坪ほどでさほど広くはないが、敷地内に五〇坪ほどの侍屋敷や馬小屋・納屋なども造作され、周囲は竹垣で囲い込まれていた。狭いが畑も耕作できるように設えられている。

庭の柿の木の枝に一羽の百舌鳥(もず)が止まり、けたたましい鳴き声を上げている。その柿の木に一頭の軍馬が繋がれていた。脇には馬の世話をする口取と、若年の郎党が所在なげに佇んでいる。母屋の奥の部屋では、この家の主人と客の侍が密かに談合に及んでいるが、はや一刻が過ぎようとしていた。

やがて屋敷の主人に見送られながら、旅装の武士が玄関式台より降りてきた。両者とも顔には苦渋の表情を浮かべている。主人は四十歳前後、客人は十歳ほど年上と見受けられた。

「それでは対馬様、これでお暇いたします」

客人が丁寧に、この侍屋敷の主人に別れを告げた。

「胤信(たねのぶ)(後の龍造寺隆信)殿・鍋島清房殿には良しなにお取りなしくだされ。お役には立ちませぬが龍造寺家の繁栄を願っております。お気をつけてお戻り下さい」

この侍屋敷の主人龍造寺対馬胤知(たねとも)も答礼して別れの言葉を述べた。客人は鷹揚に騎乗すると、馬上より再度会釈して馬首を翻し郎党・口取を引き連れて山麓を下って行った。

客を見送って部屋に戻ると、丁度妻の涼(すず)が客に出した白湯の後片付けをしていた。

「貴方様、佐賀よりのご使者でございますね」

「うむ。これで三度の督促であるな。佐賀に帰参して、村中龍造寺家の家督を継がれた胤信殿を支えてくれとの仰せよ」

「そうでございましたか」

涼は手早く後片付けをして、部屋を後にしようとした。

「平三(へいぞう)は帰っておらぬか。帰ったら夕餉の後で良いから部屋に来るよう伝えてくれ」

「承知いたしました」

涼が退出して間もなく、郎党の平三が少年二人を伴って山を降りてきた。平三の歳は主人対馬胤知とほぼ同年、総髪を頭の後ろで括り小袖野袴に身を包み、腰には一尺五寸の脇差を差し込んでいる。左手には弓を、背には矢筒を背負っていた。連れの少年たちは兄弟である。平三のすぐ後ろに、今年元服を済ませたばかりの大炊胤利(おおいたねとし)を、その後から十五歳になる兄和泉胤益(いずみたねます)が足取りも軽く下山してきたものである。

胤利は四〇〇匁ばかりの見事な雄の山鳥をぶら下げている。兄の胤益は平三と同じく左手に弓を、背に矢筒を背負っていた。

「母上、大きな山鳥が獲れました。西の谷筋の水飲み場で待ち受けましたら、トコトコと現れ兄上が見事に射抜かれました」

弟の胤利が、嬉しそうに母親に報告した。

「誠に見事な山鳥ですこと。胤益も弓の腕をあげましたね。これなら良い出汁になるでしょう。平三にお願いして下拵えしてもらったら、今宵はお鍋にいたしましょう」

涼も嬉しそうに答えた。

「若、山鳥の雄の尾羽は矢羽に使えます故、後で何本か抜きましてご進上いたしまする。残りの羽は毟(むし)って、料理できるよう支度いたします」

平三も嬉しげな顔立ちで胤利に告げ、親子三人とのやりとりを楽しんでいる。

「ああ、平三。旦那様がお話があるとのことです。夕餉後、手仕舞いしたら部屋に行きなさい」

涼は対馬胤知の言葉を平三に伝えた。

「承知いたしました。後ほどお伺いいたします」

平三は胤利を促しながら勝手口に向かうと、素早く山鳥の尾羽を六本抜き取り胤利に与えた。そして、鍋の出汁にするため山鳥の下拵えを始めた。

グツグツと鍋が煮立っていた。季節の野菜と山鳥の肉を味噌仕立てで煮込んでいる。胤益も胤利も舌舐めずりしながら鳥鍋を覗き込んでいた。腹の虫が鳴いて止まない。

「まあまあ、二人ともはしたない。もう煮立つでしょう。取り分けます故もう少しだけ我慢しなさい」

人数分の箱膳を用意しながら、涼も楽しげに二人に手伝いを命じた。

大振りの飯椀に、子供二人と平三には大盛りに、夫と自分には八分盛りに粟飯を注ぎ分けている。鳥鍋も同様に汁椀に取り分け箱膳に配膳していく。香の物を添えると、玄米七分・粟三分の粟飯もご馳走に思えてくるから不思議であった。

「胤益、お父上に持っていっておくれ。思わぬ珍味故御喜びになるでしょう」

胤益は箱膳を捧げ持ち奥の居間に持っていったが、急いで戻ってくると拝礼もそこそこに弟胤利とともに汁椀に飛びついていた。

「慌てなくともお汁もご飯も沢山に余っていますよ」

涼と平三は顔を見合わせて笑いを堪えていた。

夕食後、奥の部屋に向かった平三は、対馬胤知と深夜まで入念な密談を行った。

翌朝、対馬胤知と平三は連れ立って山麓を下り立花口村へ向かった。対馬胤知は座敷の長押に懸架していた馬上槍を手にしている。平三は、負い籠を背に付き従っていた。

本村に入ると、平三の案内で顔見知りの鍛冶屋の寅助宅を訪れた。平三にとっては、これまでも鍬や鎌など刃物の鍛造や刃つけ、修理造作などを依頼した昵懇(じっこん)の仲である。寅助は息子小虎と二人で仕事を請け負っているが、小さな店構えながら腕は確かであった。

「寅助殿、ご在宅か」

平三が玄関口より声をかけると、踏鞴（たたら）を使って鉈鎌（なたかま）を鍛えていた寅助が顔を上げた。

「これは誰かと思えば平三殿。よく参られた。まあ、中に入られよ」

息子の小虎に作業を引き継ぐと、手ぬぐいで煤（すす）に汚れた顔を拭きながら店先へ出てきて平三を出迎えた。そして平三の後ろの対馬胤知に気がつくと、

「あっと、これは気が付きませぬで。どちらの御武家様でございましょう」

「寅助殿、こちらが我が主人対馬様でございます」

平三に引き合わせられると、寅助は深々と頭を下げた。

「これは、これは。手前はこの村で鍛冶屋を営んでおります寅助と申します。平三殿には甚（いた）いお世話になっております。むさ苦しくはありますが、何卒入られませ」

しきりに恐縮しながら対馬胤知を屋内に案内した。真冬というのに額には汗をかいている。

「寅助殿、それでは邪魔いたす」

対馬胤知は屋内に入り、続いて平三が馬上槍を携えながら入り込んだ。平三は来訪した用件を告げた。

「実は寅助殿の腕を見込んでの相談であるが、このお槍の石突を外し柄の長さを四尺縮めて石突を戻し、柄の長さ六尺の手槍にしたいとの思し召しでござる」

隣で対馬胤知が、平三の説明に首肯している。

「触ってもよろしゅうございますか」

対馬主従の了解をとって、寅助は仔細に馬上槍の造りを確認していく。

「使い込まれたご立派な馬上槍でございますなあ。柄の長さ一丈、穂先一尺。柄は樫の木を鍛えて設え漆を重ねて塗ってございます。石突から四尺で切断しますと、柄の長さ六尺、穂先が一尺でございますので、七尺の手槍となります。切断した柄から石突を外し手槍に仕立て直し、石突と継ぎ合わせた柄の部分を補強すれば宜しいかと。私にても造作はできると思われます。ですが勿体なくございますなあ」

一丈余の馬上槍を、わざわざ七尺の手槍にするなど余程の事情があると推察されたが、寅助もそれ以上は詮索しない。

「かたじけない。それでお願い致したい」

対馬胤知が、鍛冶屋である寅助に頭を下げていた。

「滅相もございません。私どもなどに頭を、頭をお上げください。二、三日で仕上げますで、平三殿に受け取りに来ていただければ宜しいかと」

これまで侍には卑しめられても頭など下げられた経験など無い寅助は、対馬胤知の思いがけない対応に感極まって両頬を紅潮させている。

「では、三日後に平三に受け取りに来させます故、良しなにお願いしたい。費えはその際で宜しいか」

「へえ、もちろん宜しゅうございます。平三殿には先日ご依頼された箙（えびら）も二、三日内には出来上がりますので、ご一緒にお引き渡し致します」

「かたじけない。それでは良しなにお頼み申す」

対馬胤知も平三も当初の目処が立った思いで、満足げに寅助宅を後にした。

寅助親子に見送られながら、対馬主従は香椎宮（かしいぐう）へと向かった。宮の前では門前客相手に晦日の市が立っている。降雪に備えて雪沓（ゆきぐつ）・足袋など必要な品々を購って帰宅したのは日も暮れてからであった。

翌朝、対馬胤知は一同に、二日間で身の回りの整理と屋敷の清掃を命じた。反故紙は竈（かまど）の焚き付けに、必要な衣類などを荷造りし、余分な什器は台所に纏めて整理していく。

三日後寅助親子は自ら手槍と箙二個を持参してきた。胤知主従に親しみをもち、一刻も早く手渡したかったのである。

手槍を手にした対馬胤知は槍の重さ・刺突した場合の間合いや出し入れを確認していた

が、その出来具合に満足気に頷いていた。

平三も矢こそ六本しか装着できないが、軽くて取り回しが良く、矢の取り外しも確実に出来るよう工夫を凝らした箙を受け取ることができた。早速六本の矢を装着し、残りの矢は矢筒へ納めた。

出来栄えに満足した平三は勝手口へ寅助親子を案内し、涼の了解を得て掛かった費用を支払っていた。

天文十七年（一五四八年）十二月二十八日払暁、対馬胤知家族と郎党平三は立花城の侍屋敷を退去した。この侍屋敷は大内家の了解のもとに提供され、年二十五俵の捨扶持も付与されていたため、座敷の文机の上には立花城城督への詫び状を残していた。また台所には、村役への感謝と後始末の仕置き状を日役の銭とともに残していた。

手槍を抱え込む対馬胤知が先頭に立ち、その後ろに厨子（ずし）を背負った大炊胤利が続く。さらにその後ろに弓袋（ゆぶくろ）を持った和泉胤益と涼御料人が続き、殿軍を平三がやはり弓袋を抱え込んで付従った。対馬胤知と和泉胤益、平三の三名は負い籠を背負っている。

五名とも寒さを凌ぐ為、渋染めの綿布を頭から首筋まで覆い、使い古しているが馴染んだ道中笠を被っていた。

山麓を暫く下りると、往還道路の分岐点に行き着いた。往還道路を左に曲がれば立花口村へ行き着くが、立花口本村を遠望しながら右に向かい筑前御笠(みかさ)郡太宰府へと旅立っていった。

太宰府へは、久山(ひさやま)村・長者原(ちょうじゃばる)・須恵(すえ)村・宇美(うみ)村の各村を通過する道筋を取って約七里の旅程である。女子供連れとはいえ、昼八つには太宰府へ到着することができそうである。往還道路に出れば、博多への行き来で旅人も賑わうであろう。一行は足早に太宰府への旅路を急いだ。

予想通り昼八つには、太宰府の北の護り大野城址が一行の前に大きく姿を見せている。大野城址の南尾根に大内氏筑前守護代杉隆房(すぎたかふさ)の居城岩屋城が築城されているが、その山麓を東に回り込んで太宰府へ到着することが出来た。

北口から街中へ入り、安楽寺太宰府天満宮を左手に見ながら南へ下って行く。しばらく進むと参拝道と交差する角地に元安楽寺太宰府天満宮留守職(るすしき)小鳥居信元(ことりいのぶもと)宅が現れた。

安楽寺太宰府天満宮の南西隅に、小鳥居信元宅が静かな佇まいを見せている。南北約三十間の間口、奥行きも同じくらいか。土塀で屋敷内を囲み、安楽寺太宰府天満宮留守職の格式を保っていた。

安楽寺太宰府天満宮留守職は菅原道真(すがわらみちざね)公の末裔の本家筋大鳥居(おおとりい)氏が独占し、分家筋の小鳥居氏は下風に立たされていたものだが、享禄元年（一五二八年）信元の代になってようやく留守職に任官することができた。以後天文十三年（一五四四年）まで十五年間の長きに亘って留守職を勤め上げたものである。その当主小鳥居信元も役を辞して四年、嫡男信慶(のぶよし)に家督を譲って齢七十余歳を数えている。

対馬胤知一行は四年前に佐賀城より筑後国三潴(みずま)郡一ツ木(ひとつぎ)村に退去し、その後高橋村に一時居住した後太宰府へ行き着いたが、その機には少弐冬尚(しょうにふゆひさ)・馬場頼周(ばばよりちか)討伐を目指す村中龍造寺家惣領胤栄(たねみつ)（胤家の娘の子、胤知の甥）の本陣が観世音寺におかれていた。近辺の屋敷内や周辺の宿舎、お寺の宿坊には胤栄付随の宿将や大内家からの支援の部将が駐屯し、夥しい軍兵が府中に満ち溢れていた。

対馬胤知一行は、外戚でもある小鳥居信元宅を訪問したかったが、府中を警護する番士や軍兵に誰何(すいか)される事を避けて、太宰府を迂回し立花口村まで行かざるを得なかったのである。

しかし、今はその喧騒の面影もない。肥前に打ち入った龍造寺胤栄は、筑後国柳川から帰還した水ヶ江龍造寺家の家兼(いえかね)と合力して馬場頼周・千葉胤頼(ちばたねより)・少弐冬尚勢を撃ち破って本領を回復している。太宰府周辺も平穏な日常に立ち帰っていた。

対馬胤知は、小鳥居信元宅に到着すると通用門から案内を請うた。対応に出てきた用人に姓名を告げると宅内に一度引き返したが、丁寧な対応で玄関先へ案内された。

玄関の式台脇で信元夫妻が出迎え、賓客をもてなす離れへと案内して行く。離れには、当主小鳥居信慶の妻が下女を指図して濯ぎ湯を準備して待ち受けており、信元夫妻自らが胤知と涼の足を濯ぎ、胤益・胤利と平三の足は下女が濯いだものである。

「もったいないことで。誠に申し訳ござりません」

対馬胤知と涼は、手を合わせて信元夫妻に感謝の念を表した。

「何も。遠路の旅、さぞやお疲れでござりましょう。さあ早く上がって寛がれるが良かろう」

信元は歓待するつもりである。

「部屋に茶と茶菓子を用意させていますので、遠慮なくお過ごしあれ。後ほど夕餉も準備させますゆえ」

信元の妻も対馬胤知一行と会えたことを喜んでいる。

「心苦しくもありますが、それではご好意に甘えさせていただきます」

「遠慮することはござりませぬ。胤知殿の祖父康家公の妻女は、我が祖父の妹である。其方の父上胤家殿の室も小鳥居家の縁の女子である故、言わば重縁の親戚であるよ。ご自分の屋敷と思って遠慮なく寛ぎくだされ」

「誠に。恐れ入ります」

対馬一行は、信元夫妻の薦めに応じて座敷に上がることとした。部屋には五人分の座布団が並べられ、それぞれ折敷に茶と和菓子が配膳されている。

「さあさあ、遠慮はご無用に。座布団もお使いください。遠慮なく茶も菓子も食されよ」

胤知、涼、胤益、胤利は座布団に控えて着座していたが座り直し、主人家族と同席することを憚った平三は、折敷を捧げ持ち広縁に控えて陪席した。

対馬胤知一行は、信元夫妻の好意に甘えて香りの豊かな茶と菓子を食する機会を過ごすことができ、旅の疲れも消え去る思いであった。

夕餉の後、信元より胤知に「是非とも談合したい」との旨用人が伝えてきた。そして、用人に先導されて信元の居間に案内されたが、居間には濁り酒も用意される心配りである。

「まあまあ、こちらに入られよ。私も胤知殿と話すこともあるし、其方(そなた)も私に聞きたいこともあるのではないか。酒も多少は用意させておりますで」

「忝のうございます。心苦しくはありますが、お言葉に甘え申します」

胤知も信元に教示を受けたくもあり、座敷内に歩を進めた。信元より濁り酒を奨められ久しぶりに嗜んだが、胃の腑に落ちて体を熱くしている。

「胤知殿、今日ご案内した離れであるが、実は御ことの父胤家殿も住まわれたことがあってのう」

「某の父親が、でございますか」

「うむ。もう四十年以上も前になりますかのう。明応（一四九八年）の頃であったが、故あって千葉介胤繁（ちばのすけたねしげ）様とともに筑前に退去され、胤家殿は我が屋敷に寄寓された。およそ七年の間、先ほどの離れでお過ごしであった」

「それほど永年に亘ってでございましたか……」

「左様。すぐには肥前に帰参することが叶わぬ故とのこと。それにこちらで日蓮宗に帰依されておられましたので、ご先達日政上人に引き合わせも致しました。お二人は事のほか相性が合っておられたのか、屋敷とお寺を行き来し、宗旨について切磋琢磨しておられました。胤家殿は、佐賀へ帰還が叶い準備も整えば日蓮宗の寺を建立し、日政上人に開基をお願いするとの約定を結ばれており申した」

「日政上人様は、永正十五年（一五一八年）我が父胤家が佐賀城の北に本行寺を建立した際、開基いただきました。今は、父母とも本行寺に眠っております」

「さもありましょう。それに盛家殿もこの家で養子縁組をなされた。元々は肥前の千葉氏と並ぶ豪族高木満兼（たかぎみつかね）公の御子でございますが、日政上人様のもとで僧籍に入るべく修行中でありました。ですが膂力も強く学問もずば抜けておりましたので、胤家殿がご自分の養子にと望まれました。高木氏も龍造寺氏も草野氏も家紋が日足紋（ひあしもん）でございましょう。元々龍造寺氏と草野氏は高木氏より分かれた家系でございますで、特別に愛着を持たれたのかも知れませぬな。盛家殿も僧籍に入るのを望んでいなかった故、日政上人が已む無く手放されました。永正元年（一五〇四年）に胤家殿が佐賀に帰参された折、盛家殿も連れ帰り、その後ご自分の家督を譲られたと聞いております」

「父胤家は、佐賀城への帰参を許されて大財端（おおたからはし）城に入城いたしました。この城で兄胤直（たねなお）と某が生をうけましてございます。義兄盛家は私どもより十五歳ほど年上でしたので、学問・武芸の手ほどきを受けました。我ら兄弟にとっては、実の父親か兄とも言える存在でございまして慕っておりました。大財端城は、父の七代前家平（いえひら）公が佐賀城の鬼門の方角に築城されたと聞いておりますが、佐賀城の堀割の外に縄張りしてございました。帰参した父上について、惣領家和（いえかず）殿は心底では未だ不信感を持っておられたのかも知れませぬ。

その後、父胤家は四年後の永正五年（一五〇八年）に佐賀城の与賀館に移り、本家村中龍造寺惣領家和公の寄騎として義兄盛家を伴って数多くの戦いに参加しました。与賀の館に移りまして約十年後の永正十五年（一五一八年）に本行寺の開基を契機に、父は与賀一党の家督を義兄盛家に譲ったと記憶しております。

その義兄盛家は十年ほど前に出家され日政上人より剛雲日勇の法号をいただき、家督を養父胤家の長子であり我が兄の胤直に譲られました。義兄盛家には嫡子信以（のぶもち）がおりましたので、胤直の養子に信以を充て、ゆくゆくは信以に家督を継がせるおつもりであったやも知れませぬ。その義兄盛家、兄胤直、盛家の嫡男信以も西肥前で悉く討ち死にし果てました」

「酷いことでございます。大将の馬前で討ち死にするは武士の誉と持て囃されても、納得できるものではございません」

信元も思いもよらない結果に無念の思いであった。

「父胤家は、何故に本家村中龍造寺の家督を奪われ佐賀を辞して、この太宰府に退去しなければならなかったのでしょうか」

胤知は幼き頃から悩まされていた疑問を発した。信元は古の経緯を思い出しながら話を続けた。

「胤家殿は、よく先の見えるお方でございました。九州探題とそれを後見する大内家に豊前・筑前を追われた少弐氏は三前（豊前・筑前・肥前）の守護名を名乗られたものの、最早豊前・筑前の本領回復など出来ぬと思われておりました。少弐（しょうに）政資（まさすけ）もその子高経（たかつね）も本領回復を目指して筑前に何度も討ち入りましたが、いずれも大内氏の軍勢に撃退されて肥前に逃げ帰る始末でございました。一時は、壱岐・対馬まで逃亡したとも聞いております。鎌倉覇府以来、主人と御家人の関係は御恩と御奉公が元本でございましょう。御恩があるからこそ被官も一生懸命ご奉公するということでございましょう。少弐政資は、肥前諸将に先手衆としてまた中軍・後備として出陣を命令し筑前に討ち入りました。しかしながら本領回復が叶いませぬで、肥前諸将に対する御恩が果たされる事もありませなんだ。

我が父に聞いた話ですが、文明（一四六九年）の頃、一時二年に亘って少弐政資が筑前を占拠したことがあったそうでございます。その際政資は自分の部下に筑前領の知行地を分け与えましたが、諸将は寺社領を盛んに押領簒奪（おうりょうさんだつ）してしまったそうです。政資自身も寺社の宝物の提供を強要して無理矢理手に入れたとのこと。守護自らがこの様ですから、少弐の軍兵の乱妨狼藉（らんぼうろうぜき）もいかほどか。

この日の本のどこに、自らの本貫地で家来衆に押領簒奪・乱妨狼藉を許す守護がございますか。筑前の民の人心を失い、少弐氏の名声は地に落ち申した」

信元は、怒りに身を震わせている。濁り酒を飲み干し、心を落ち着かせると話の穂を繋いだ。

「胤家殿はこれらのことを苦々しく思われておりました。少弐氏と決別して大内氏を頼り豊前・筑前・肥前三国を安寧の国にするべきだと思慮されたのです。文明五年（一四七三年）に父康家公より村中龍造寺の家督を受けておりました胤家殿は、大内氏に与同することが龍造寺家の繁栄の道と主張されましたが、弟家和殿・家兼殿は少弐氏の被官という立場から抜けきれず胤家殿のご意見は排除されました。

家中で孤立すれば、少弐氏当主の命、あるいは龍造寺一党の総意として廃嫡なり誅殺される例は乱世の世の常でございます。身の危険を憂慮された胤家殿は、惣領の地位を捨ててここ太宰府の地に退去された。そう聞いております」

信元の話に胤知も深く首肯していた。信元は、胤知に父胤家の全てを伝えておくべきと思慮して話を続けた。

「ただ胤知殿、お父上胤家殿は、少弐氏の立ち行く先も考えておられましたぞ。胤家殿は、少弐氏が豊前・筑前の本領回復への執着を捨てれば前途が開かれると考えておられました。そうなれば肥前諸将も無駄な戦役に人も金も費えすることが無くなり申す。つまり少弐氏も肥前諸将も地力を蓄えることができ、肥前の地での騒乱は治まり民も潤いまする。

大内公は、豊前・筑前には執着しても、それ以外には野心を持っておりませぬ。足利公方が博多姪(めい)ノ浜(はま)に九州探題を置き股肱の臣を探題に任命したのも、大内公が博多沖の濱に探題所を置いたのも、朝鮮との貿易・明との貿易で上がる利益を独占したかったからでございます。豊後・筑後・肥後の太守大友義鑑(おおともよしあき)も、沖の濱の南比恵川沿いに探題館を置いていましたので、三者が博多を支配下に置こうと争っていました。

しかるに、少弐氏は壱岐・対馬に郡代を置いて支配し、松浦には呼子・唐津の港がありましたので、朝鮮との交易にも支障はありませんでした。唐国との交易も平戸と長崎が開かれておりましたので、交易港としての博多での争いには埒外の立場を取ることができます。

なればこそ少弐氏が筑前国への我意を捨てれば、少弐氏と大内氏の連衡が成り立ちます。大内氏は豊前・筑前への進出を目指す大友家に対して少弐氏と合力して事に当たり、少弐氏は大内氏の協力を得て筑後・肥後への進出が可能となるとお考えでした。

筑後の国は、名目は大友義鑑の知行地ですが、その大友氏は家督相続を巡って内紛を繰り返してございます。筑後の国人領主たちも表面上は大友氏に臣従しておりますが、無理難題を押し付ける大友氏の横暴に反発して、内心は独立したいと考えております。柳川城の蒲池（かまち）氏、竹井城の草野氏、妙見城の星野氏など、いつ何時でも肥前に誼を通じると思慮致しておりました。そうなれば少弐氏は、肥前・筑後国守護として家を保っていけるとお考えでした。ですが最早叶わぬ夢と消えましたなあ」

「いかにも。父胤家はそこまで考えておりましたか。しかし今となってはどうにもなりませぬ。

与賀館での父胤家は、達観しておりました。宿老会議でもほとんど発言はしなかったと聞いております。村中龍造寺惣領家和殿から出陣を命ぜられれば、義兄盛家と兄胤直を引き連れて黙々と出張っておりました。ただ千葉介胤朝様からは『胤』の字の偏諱を受け、家弘名を胤家と改名していましたので、千葉介胤繁様や、そのご舎弟胤勝様からの支援要請には義兄盛家を連れて与同し、抜群の戦働きをしておったとのことです。

その父も隠居してからは、佐賀城の留守居役を務める時を除けば本行寺に参詣し、日政上人と友誼を深め、嬉々として境内の清掃や読誦三昧でございました」

対馬胤知は、万一佐賀に戻る機会があれば是非とも本行寺に行ってみたいと思った。これまでとは違う景色が見えるかも知れない。

「胤知殿。お父上胤家殿の考えは、何が何でも与賀一党の血を後世に残すことではなかったかと思っております。盛家殿と胤直殿が、西肥前の遠征に其方を留守居として残して出張られたのも、万一を危惧してのご深慮ではないでしょうか。其方が、どうお考えかは存じませんが、これからの生き方には十分にご熟慮なさいませ」

「ここ一年間に三度本庄の鍋島清房殿より、佐賀へ帰参して龍造寺胤信殿に馳走せよとの使いを受けております」

「そうでございましたか……」

「しかしながら、漏れ聞きますに胤信殿は狷介で猜疑心が事のほかお強いとのこと。胤信殿が龍造寺本家の家督を襲うことに不安を抱く御一門が、或いは水ヶ江龍造寺の鑑兼(あきかね)殿を担ぎ、或いは村中龍造寺の家就(いえなり)殿を推す者もあると聞いております。三度帰参の使いを断れば、仕手を遣わされ誅殺されるのではとも危惧しておりました。この度立花城を退去しましたのも、その恐れを思い憚ってのことでございます」

「確かにあり得ますなあ。龍造寺家で内訌(ないこう)が起こるやも知れませぬな」

信元も、ため息をついて落胆している。

「龍造寺家を事実上家宰してきた家兼殿も天文十五年（一五四六年）三月に卒去され、村中本家惣領であった胤栄公も今年天文十七年（一五四八年）三月に二十五歳の若さで亡くなられてしまいました。お二人がご存命中ならまだしも、これで佐賀に帰参しても、すり鉢の胡麻の如く擦り潰されてしまう事になると。そうなれば与賀一党の血筋は絶えてしまいましょう」

「まこと、そうなるかも知れませんな」

信元と対馬胤知の対談は深夜に及んでいった。

2

天文十七年（一五四八年）十二月二十九日早朝、対馬胤知一行は太宰府小鳥居信元の館を出立した。

昨夜の談合の後小鳥居信元は、筑後国の太宰府天満宮寄進田の庄官宛に、持参人の便宜を図るよう要請した添状を前留守職名で作成し対馬胤知に与えていた。

また、出立時には五人の二食分に当たる食料を打飼袋に入れて持たせてくれている。二合の飯で一個の握りを作り、中に梅干しを入れ沢庵を添えると竹皮で包み込み、二個ずつ打飼袋に小分けして負い籠に保存している。立花城を退去する際、干し飯を三日分準備したものだが、今日もその出番はなさそうであった。

対馬胤知一行は参拝道を西に下り、大町・新町・横町を通り朝倉街道に出て上座（じょうざ）郡まで行き、筑後川の上流で浅瀬を渡河して静謐の国筑後に行き着くつもりである。

朝倉街道は、筑前と豊後を結ぶ古来に整備された往還である。博多から太宰府・甘木・比良松・木の丸・夜明けの関を通過して豊後日田へ通ずる。古代、斉明天皇と中大兄皇子が新羅征伐の際、太宰府と大和の国を往復した古道でも知られている。筑後川の河岸には、朝倉宮で崩御した斉明天皇を鎮魂するため木の丸神社が建立されていた。

朝倉街道は、夜明けの関で山辺道と合流している。山辺道は筑後高良大社と豊後日田を耳納山地の北斜面山裾沿いに繋いで、豊後街道として豊後国の府内まで通じていた。

交通の要衝の地日田は大友義鑑の直轄地であり、六名の郡老と二名の目代を置き八奉行職として支配していた。

朝倉街道と山辺道の二つの街道が合流する夜明けの関は、筑後守護職大友義鑑の臣筑後長岩城主門注所鑑景が関守役に任ぜられ、筑後国と豊後国の通行人の出入りを検察していた。また門注所鑑景は筑後国生葉郡に一〇〇〇町の領地を安堵されていたが、その地は対馬胤知が目指す筑前国上座郡と筑後川で対面していた。

龍造寺家の先々代の村中龍造寺家惣領胤久（妻は胤家の娘で胤知の義兄）は、大友義鑑より筑後生葉郡に二度にわたって領地を譲り渡されている。当初は享禄三年（一五三〇年）田手畷の戦いで、大内勢を撃破したことを賀して生葉郡大石に一〇〇町を受領している。また、天文五年（一五三六年）にも大内氏に対抗して少弐氏と大友氏との連携を成したことを冥加として、同じく生葉郡大石にて五〇町と生葉郡小家（小江）に三〇町を受領していた。いずれも門注所鑑景の領地内であるが、忠臣鑑景が大友義鑑の下知に違背することは考えられず、段銭の徴収・管理や送付など適切に処理されたに相違なかった。

対馬胤知一行は朝倉街道を東南に進み、四里の道を二刻で走破して甘木に到着した。

甘木で街道は三つに分かれる。右に曲がると甘木の街中を通り、太刀洗(たちあらい)村、北野の庄を通過して筑後川に行き着く。筑後川を渡船によって渡河すると筑後国の御井(みい)郡に到達する。

街道を左折すれば、大内義隆に臣従する秋月文種が依拠する秋月城に到達する。街道を直進すれば、三里ほどで目的地の比良松村へ行くことができる。

対馬胤知は街道の分岐点で小休止を取ると、出発にあたって胤益と平三に弓の準備を命じた。

二人は弓袋から弓を取り出すと、街道筋の手頃な松の窪に末弭(すえはず)を当てがい、自らの左太腿に元弭(もとはず)をあて、左手で弓の握りを押しこむと弓弦(ゆづる)を張った。胤益は軽く弓弦を弾き鳴弦しながら弓弦の張り具合を確認している。

「父上、準備ができました」

「うむ。これからは旅人も少なくなるでのう。盗賊・落武者狩りがいつ何時襲ってくるかも知れぬ」

甘木を離れ朝倉街道を進んで行くうちに街道筋の景色が変わってきた。左手は荒地や雑木林のままだが、右手に広がっていた田畑に変わって原野や荒蕪(こうぶ)地へと変貌していく。遠方には筑後川の自然堤防も連なり枯れたススキが風に靡いていた。

他に人影もなく旅人は対馬胤知一行のみとなっていた。やがて山手の林脇に荒れ果てた社が現れた。その脇から二人の荒くれ者が行く手を遮った。殿軍を歩く平三の後ろからも二名の男らが一行をとり囲んでいる。それぞれに刀や脇差を抜いて右手に垂らしている。

「やい、お前たち、ここから先は関銭を払わなければ通すもんじゃねえ」

兄貴分と思える男が、刀を突き出しながら喚いた。

「いいから、持っている銭を残らず置いていけ。さも無くば……」

「さも無くば、なんと致す。命でも取ると申すか」

対馬胤知が言葉尻を引き取った。油断なく手槍を脇に固め仁王立ちに立っている。穂鞘を外すまでもなく手槍を自在に遣って、盗賊二人を石突で突き伏し撃退するつもりであった。

胤益と平三も右手で箙の一ノ矢を外して矢筈を弓弦に嵌め込み、矢先こそ盗賊から外しているものの、いつでも射放す構えをとっている。間合いが近いので二ノ矢を射放すのは無理であるが、万一外されれば打刀で盗賊の首筋を横薙ぎに斬りつけるつもりである。

「その方らは物盗りか。足軽崩れの乱妨者か。事の次第では捕縛して村役人に差し出すぞ」

ていたが、

「なんだと。やるか」

兄貴分が吠えたものの、対馬胤知の気迫に半分戦意を喪失している。しばらく睨み合っていたが、

「今回は見逃してやるが、手前ら覚えていろ」

捨て台詞を残すと、四名の盗賊は社裏へ逃げていった。

「さあ、これでもう大事ない。再度は襲ってこないだろう」

対馬胤知一行は、比良松村を目指して先を急いだ。

小半刻で比良松村が見えてきた。戸数五十戸ばかりか、田畑もよく整備されている。

平三が付近の百姓家を訪れ、川渡しの場所と渡守の住居を聞き出した。

「対馬様。これから右へと向かいますと筑後川岸に田中という在所があり、十戸ほどの民家があるとのことでございます。その在所に川漁師の新左というものがおり、渡守も担っているとのこと。この者に頼めば渡河できる由」

比良松村より南に向かいしばらく進むと、正面に筑後川自然堤防が遠望でき、川岸に貼り付くように民家が点在している。平三は、端から一軒ずつ尋ね歩いたが、渡守新左の住居はすぐに見つかった。住居周りに修復が終わった刺し網が物干しにかけられていた。竹を編んで作られた大小の筌(うけ)やうなぎ筌が住居横に収められている。入り口横に筵(むしろ)を広げて、

福岡県立図書館保管資料より転載

筑前国上座郡旧図写

老年の川漁師が破れた刺し網を修復していた。

平三が新左に声をかけた。

「新左殿でござるか」

声をかけられた新左は、作業の手を止めて顔を上げた。

「へい、そうでございますが」

「川向こうに行きたいのだが、渡していただけましょうや」

「へえ、もちろんお渡しいたします。ただ在所のものは無賃で渡しておりますが、旅人・商人・お侍様ですと多少渡し賃がかかります。いかが致しましょう」

「是非ともお願いいたす。渡し賃は如何ほどか」

「へえ、これと決まっておりませんが、心付け程度で結構でございます」

「承知した。対馬様、いかが致しましょう」

平三が対馬胤知に伺いを立てた。

「新左殿とやら、渡し賃は一人六文と相場が決まっておるが、五人ゆえ三〇文でよろしいか」

「もちろんでございます。とても、そんなに頂かなくても結構でございますよ」

新左は、思いもかけない対馬胤知の提案に驚愕している。普段は地元の者は無料で渡し、その費えとして村役から月に二〇文ほどのお手当を貰っている。旅人や商人などからは、一人二文を貰って渡していた。一人六文など、思いもかけない上客であった。

対馬胤知は半金の十五文を支払い、残りは渡しの後に支払うことで了承させた。

「渡していただけるのは、これからでも宜しいか。川向こうに宿屋なり、寺社があれば今宵の宿を取ることができるとは思うが」

新左は手を横に振って答えた。

「とんでもねえ。これからですと渡した後夜になりますし、川向こうには宿もありませぬで立ち往生いたします。手前が川船を修理します番屋が川岸にありますで、そこでお泊まりいただき、明日の朝御出立されるのがよろしいかと思います。火床もありますし薪も番屋横に積んでおります。後ほど火桶で熾火（おきび）をお持ちいたしますで、夕餉の支度をなされるのが良いかと」

新左は、先に立って番屋へ案内した。対馬胤知は真正直な川漁師新左を信用し、その世話になることとした。番屋は築堤の南に、北西の寒風を避けて風裏に建てられていた。

対馬胤知一行は、負い籠や厨子を下ろして旅装束を解くことができ安堵の心持ちである。番屋の中には、鋸、木槌、鉋（かんな）や鑿（のみ）などが整然と棚に置かれている。奥には稲藁が小積され、寝床の代わりになりそうである。涼は負い籠から打飼袋を出し、握り飯四個を取り出すと、夕餉の準備を始めた。

一度自宅へ立ち帰った新左もほどなく番屋へ戻ってきたが、右手に火桶を左手に五本の焼き串を持参していた。

「火種でございます。薪は好きに使ってくださいませ。それと、お口に合うかは分かりませんが、川魚の素焼き串を持参しました。鮎や鮒やかまつかなどを素焼きにしておりますので、出汁に使うと良い味がいたします」

火桶は平三が受け取り、焼き串は涼が受け取ったが、

「まあ、綺麗な鮎ですこと。落ち鮎で婚姻色も出て八寸はあるでしょう。これなら美味しい雑炊ができます。新左殿、かたじけなく存じます」

涼が感嘆の声をあげ、感謝の言葉を述べた。これまで褒められた経験も少ない新左は、年甲斐もなく浅黒い頬を赤く染めていた。

鍋に水を入れ、素焼きの川魚を戻しながら四個のにぎりを炊き込み、味噌で煮込んだ芋柄で味をつけると香ばしい匂いが立ち込めてきたものである。

夕餉の後、胤益と平三は西の空を見上げている。心を決めて胤益が番屋に入り、父親の承諾を得ると弓の準備を始めた。平三も弓を引き寄せ弦を張る準備を始める。

平三の弓は異形な形状であった。長さは五尺に満たないが、材質は木の芯に動物の骨や

腱を挟みこんで強固に接合され、半円形に反り返っている。異国の半弓であろう。

平三は半弓に弦を張り左脇に壊込むと、二本の矢を右手で掴みながら、傍らで大弓に弦を張っている胤益に声をかけた。

「和泉様、時刻も良いようで……」

「うむ。平三、獲れようかな」

「先程来、雁が空高く飛んでおりますので鴨も飛来するかと」

二人は頷くと、番屋の入口に立ち、中で寝屋の支度をしている涼に声をかけた。

「母上、平三と出かけます。遅くならぬよう帰りますので、先におやすみ下さい」

「胤益、くれぐれも気をつけて行きなされ。平三頼みましたぞ」

涼は優しく微笑むと、二人に声をかけた。

「兄上、私もお供します」

涼の傍らから、弟の胤利が胤益に同道を請うた。

「胤利、夜の狩りゆえ次の機会まで我慢せよ。父上と母上をよろしく頼むぞ」

不満顔の弟を無理やり納得させると、

「では、行って参ります」

と声をかけ、渋染した綿布で頭を覆い寒さ凌ぎの蓑を羽織ると、枯れ込んだススキや葦が生茂る河原へ降りて行った。

大河である。対岸が遥か彼方にしか望見できない。大蛇がのたうつように本流が屈曲しながら流れ、その傍至る所に湾処が形成されている。梅雨時期や台風の到来時期には、度々どす黒い奔流で氾濫し、自然堤防を破壊して近辺の田畑を押し流した。

その大河も晦日の今は痩せ細り、瀬に顔を出した踏石を伝えば、何とか対岸まで渡渉出来そうにも思えた。

気温は急激に低下して降雪を予感させ、吹きつける寒風は二人を震えあがらさせた。

頭上高く数羽の雁が梯陣に組みながら、西から東へ飛翔していく。胤益と平三の二人は草むらを掻き分けながら、狩場となる湾処を探し続けた。そして水深三尺ほどの湾処を選ぶと、岸沿いに三間ほどの距離を取って射場を構えた。前に胤益が、その背を見守る場所に平三が陣取った。渋染の覆いと身に着けた蓑が周囲の枯れ草に溶け込み、なおススキなどの枯れ草で擬装しているので上空からは発見されない。

「平三、鴨はうまく遡上してくるかな」

「和泉様、有明の海は荒れております。先程来、雁も大川沿いに上っておりますので大鴨も必ずや飛来するかと」

「うむ」

胤益も納得して頷いた。経験を積んだ郎党である平三の言葉に間違いはない。

「和泉様の弓は定寸の大弓ですので、膝射（しっしゃ）するのがよろしいかと。鴨が着水しましたら一番射易い獲物を狙って下さいませ。某は、和泉様の射ち放しに併せて端の鴨に射掛けます」

「承知した」

胤益は弓の末弭を水面に傾けると、征矢の矢筈を弓弦に固定した。右手に弓懸（ゆがけ）は付けず鹿革製の手袋をはめている。弓射には弓懸が便利であるが、太刀を抜いて立ち会うには不向きである。もっぱら実戦に便利な鹿革の手袋を使用していた。

弓弦に番（つが）えた矢は三分の直径の矢竹で長さは二尺七寸、矢末には平三が工夫した細身の鏃（やじり）が取り付けられている。鏃の長さは一寸強、三角錐に研ぎあげられていた。太さは三分強で矢末に取り付けると三角錐の鏃の端が三方に僅かに頭を出し、矢の飛行の直進性を増す工夫がなされている。鏃の返しが殆どないので獲物を貫通しても、矢や獲物を傷める事もなく回収できた。

平三も半弓に矢を番えたが、矢柄は竹ではなく真木であった。直径は三分弱、長さは半弓であるため、口許までの弓弦の引きに合わせて二尺四寸と三寸ほど短い。矢末に同じ形状の鏃が嵌められていた。矢筈の前に三枚の矢羽根が取り付けられ、矢筈に向かって短く刈り込まれていた。

四半刻を過ぎると、二人が身を潜ませた湾処の上をシュルシュルと羽音を響かせながら数羽の鴨が飛翔していった。やがて一際大きな羽音を響かせながら四羽の鴨が頭上をかすめて水面へザブン、ザブンと着水した。

獲物までの距離は約七間、胤益は弓弦につがえた狩用の矢を静かに引き絞りひょうと射ち放った。カウンと鳴弦を響かせながら飛翔し、同時に平三も無音のまま矢を射掛けた。慌てて二羽の鴨は飛び去ったものの、水面には羽を射抜かれた鴨と、胴を見事に射抜かれた鴨が踠(もが)いている。

「某が取ってまいります」

平三は素早く野袴を脱ぎ捨て下帯一つになると、ざぶりと極寒の湾処に身を踊らせた。幸い水深は腰ほどであり、踠いている鴨に近づき射抜いた矢とともに二羽の真鴨を回収した。

「平三、大事ないか」

胤益は、濡れそぼった平三の体を手拭いで拭きやりながら声をかけた。

「何の、もったいない」

平三は手早く衣服を整えた。

「見事な青首でございます。五百匁はあろうかと。雌鴨は流石に青首程には至りませぬな」

捕獲した青首は胤益が羽を射抜いた獲物であるが、跪き苦しむのを平三が手早く野〆にしていた。雌鴨は胴を射抜かれ、すでに事切れている。

「胤利がさぞや喜ぶであろう」

「小鳥居様からいただきました握りの竹包が空きました故、四つに分けて持ち行きましょう」

番屋を目指して河原を戻っていくと、夕闇の中に赤い火がこぼれて見える。その番屋から、子犬のように胤利が走り出て二人に向かって駆け寄って来た。

「兄上、首尾よく獲れましたか」

胤利が大声で呼びかけた。

胤益と平三は、誇らしげに二羽の真鴨を持ち上げて差し出した。

3

天文十七年（一五四八年）十二月三十日、早朝より粉雪が舞い踊っている。対馬胤知一行が朝餉を済ませた頃、渡守の新左が姿を見せた。

「昨夜はいかがでございましたか。よくお眠りになりましたか。あいにく今日は、朝から雪でございますので、吹雪かぬうちに大川をお渡しいたしましょう」

「新左殿かたじけない。身支度はできておりますのでよろしくお願い致す」

旅支度も整い、対馬胤知は五人分の渡し賃の残金十五文に、心付けとして十文を加えて手渡した。

「これは、勿体無い事でございます」

新左も思いがけない胤知の心配りに、深く拝礼して両手で押し頂いた。

「底の浅い小さい川船ですので、五人一度では転覆の恐れがありますで、まず旦那様とお方様、一番下の若様を先にお渡しします。その後、お侍二名をお渡ししましょう」

新左は手際よく長竿を使いながら粉雪の中、川幅三十間ほどの筑後川の本流を川船で二回往復して五人を対岸に送り届けた。

「堤防はまだ先でございますが、在所のものが往来のため細道を踏み分けておりますので、道なりに辿れば、筑後国生葉郡長栖村へ到着いたします。その後は、南へと向かわれるがよろしいでしょう。午後過ぎには耳納山の山麓の山辺道に行くことができます。山辺道に出て右へゆけば竹野郡でございまして高良大社へ行くことができます。左へ行きますと生葉郡となり豊後日田の大友領へ行き着きます」

「承知した。大変にお世話になり申した」

朝から舞い降り始めた粉雪は吹雪へと変わり始め、一行の足元にまとわりつく。雪沓を履いているが、遅々として前に進めない。長栖村を過ぎ鷹取村、吉本村を通過するのに二刻を要した。吉本村を過ぎると巨瀬川の河畔に到着したものの、降雪で五寸ほど河原が埋もれている。水深は冬季で減少していたが、浅瀬でもふくら脛くらいの深さはありそうだ。

胤知は負い籠を下し、雪沓・足袋を脱いで野袴の裾をたぐり上げると、妻の涼を抱き上げ浅瀬を渡り始めた。平三も主人に倣って素足になり野袴の裾を股立に挟み込むと、厨子を負った胤利をそのまま背負って巨勢川を渡り始める。

「平三、重くはないか。冷たくはないか」

必死で平三の背につかまりながら、胤利が平三を気遣った。

「若、何のこれしき。雪より川の水の方が温こうございます」

胤知主従は巨瀬川を往復して負い籠を背負い、槍や弓袋を手にすると胤益共々無事渡河し終える事ができた。

午後になっても空には鉛色の雪雲が低く立ち込め、白煙をあげて吹き付ける降雪で視界さえ遮られている。更に一刻余りを要して、ようやく耳納山地の山麓に到着して山辺道に行き着いた。渡守新左の教えに従い竹野郡へ向かうため山麓沿いに右折したが、民家らしきものがない。街道杉と思しき杉並木を頼りに、避難できる社や寺でも無いかと吹雪の中を彷徨していく。半刻ばかり雪煙の中を歩いて、何とか民家を見つけることができた。夕刻の帳の中で、かすかに灯りが漏れていたのだ。

「お頼み申す。お頼み申す」

平三が、必死で農家の戸を叩いて訪(おとない)を告げる。しかし応答がない。灯があるので住民がいるのは間違いないが、何者かもわからぬ来訪者に身をすくめているに違いない。

「お頼み申します。女・子供連れで難儀をしております。何卒、戸を開けてくださいませ」

害意ある者でないことを訴えて、三度訪を告げた。

「どちら様でございましょう」

漸く農家の中から男の声で誰何された。

「旅の者でございます。女子供を連れて吹雪の中、難渋しております。危害を加えたりなどする者ではございません。何とかお助けくださいませ」

家の中で相談する声が聞こえていたが、意を決して戸を開けてくれた。

「これは、凍えて大変でございます。さあ中にお入りなさいませ」

軒先に負い籠を外で降すと、笠や蓑に積もった雪を払い落とし屋内へと入っていった。住人の妻と子供二人が怯えた顔で、部屋の片隅に肩を寄せ合っている。

「さあ、もそっと火の回りに寄られませ。衣服も乾けば楽になるでしょう」

入ってきた凉や胤利の姿を見て家族に害をなす者ではないと判断したのか、妻女も下りてきて火床に入れる薪を運び込み始めた。

「大変にご迷惑をおかけ申す。今夜だけお世話になれば、明日には出立いたします故」

対馬胤知も息を吹き返した思いで、感謝の言葉を述べた。

「只今、村長に使いを出します。何しろこの家では狭すぎますので」

主人は妻に言い付けて、村の大人衆に使いさせた。まもなく使いを終えて帰宅した妻女は、奥の長持ちから出里の母が持たせてくれた客用の茶碗五つを取り出し、火床で沸騰している白湯を注ぎ分けて対馬胤知らに手渡した。

「申し訳ありませぬ。白湯しかありませんが、少しは体も温まるでしょう」

「忝のうございます。遠慮なく頂戴いたします」

涼は白湯を押しいただき五名は飲み干したが、冷え切った体の隅々まで熱く行き渡り、血流が回復する思いである。吹雪の中、この民家に行き着かねば行き倒れとなり凍死したかも知れなかった。

そして小半刻ほどで、村役三名が駆けつけて来た。

「これは。手前は森部村の村役を仰せつかっております市兵衛と申します。後ろに控えておりますのが、助役の久助と政次郎でございます。この家の主人が宇作と申します。むさ苦しいところに善くぞおいでいただきました」

「対馬胤知と申します。連れは妻と子供と郎党でござる。吹雪で難儀いたしておるところ、宇作殿にお助けいただきました」

対馬胤知は深く頭を下げた。

「ここは狭うございます。お寛ぎいただきたく村倉を用意させております。土蔵造りですので多少は寒さも和らぐかもしれません。火を使い食事の用意も暖を取る事もできます」

確かに村長の言いようにも一理ある。このままだと宇作宅に多大な迷惑をかけることになる。

「なれば、御造作をおかけするが、よろしくお頼み申します」

村役に先導されながら、対馬胤知一行は村倉へ向かった。

土蔵造りで村持ちの室蔵であった。入口より入ってすぐは土間で、その中間どころに火床が設えてあり、すでに燠火がつけられていた。中より奥は板張りになっており莫蓙や筵が敷いてある。壁際に大豆や小豆・稗・粟など村持ちの穀類が保管されていた。数カ所明りとりの窓があり換気もできそうである。

「ゆっくりお過ごしくだされ。薪も用意しておりますし、中の食料もご遠慮なくお使いください。お疲れでしょうから我らは失礼しますが、また明朝お伺いいたします」

市兵衛以下村役は言い置いて退出した。

負い籠を土間の隅に置き、厨子を一番奥の板間に設置すると命が蘇る気がしたものである。

「吹雪から逃れてほっといたしました。早速お湯を沸かして、夕餉の用意もいたしましょう」

涼は平三に手伝わして夕餉の支度を始めた。打飼袋から、残りの握り飯と竹皮に包んだ鴨肉を取り出し雑炊を作るつもりである。

天文十七年（一五四八年）の晦日が過ぎようとしている。村長の用意した村蔵で、平穏な年始を迎える事が出来そうである。

「父上、もう与賀の館には帰参叶わぬのでしょうか。佐賀城を退居して、はや四年になります」

胤益が、夕餉を済ませて火床に薪を差し入れている胤知に訴えた。胤益・胤利兄弟にとっても、母親の涼にとっても、与賀の館は慣れ親しんだ故郷である。ひとしお望郷の念は強い。

沈痛な面持ちの対馬胤知は、厨子に収まった両親の位牌に両手を合わせると、覚悟を決めて四名を引き寄せた。

「胤益の申しようは解らぬでもないが、余の存念を申す故、もそっと近う寄るが良い」

胤益・胤利兄弟は焚き火に向かい、涼御料人と平三は少し離れて畏まっている。

「あれは天文十三年（一五四四年）の暮れから天文十四年（一五四五年）の正月に掛けてであった。その方達も覚えていよう。

肥前守護少弐冬尚より、西肥前の多久一党、松浦党と有馬晴純が謀反に及んだにより討伐せよとの命が龍造寺家兼殿に下された。少弐氏の被官筆頭であった家兼殿は、多久・松浦・有馬党の討伐を、少弐冬尚の後見人であり水ヶ江龍造寺家惣領の家門（いえかど）公を総大将として、村中龍造寺の一党と帰参組の我ら与賀の者に命じられた。

佐賀城は東の備えに村中龍造寺本家、北と南に水ヶ江龍造寺分家、西の備えとして与賀一党を充てていた故、西肥前衆の謀反制圧を、与賀一党に命ぜられたのも至極当然と言える。

ましてや本家村中龍造寺の惣領胤栄公は、何かと差し出がましい龍造寺家兼殿との折り合いが悪かった故、大内義隆公に誼を通じて筑前に退去されていた。当主なき村中龍造寺は当てにならないので、我ら与賀一党を主力として謀反討伐を申しつけられたのも無理もない事であった。

総大将家門公は、自らは与賀一党の惣領である我が兄胤直と嫡男家親(いえちか)、胤直の女婿常家(つねいえ)を引き連れて有馬晴純討伐に向かわれた。

我が義兄盛家殿は、嫡子の信以と村中龍造寺の家久殿を引き連れて松浦へ出陣したものである。多久には、村中龍造寺胤栄公の弟家就(いえなり)殿と胤明(たねあき)殿が討伐に向かわれた」

胤知の顔は苦渋に満ちていた。自らの心を落ちつかせると話を続けた。

「しかし有馬、松浦党、多久勢の謀反は、少弐冬尚と謀臣馬場頼周とが示し合わせた謀であった。

少弐冬尚と馬場頼周は、水ヶ江龍造寺の家兼殿が少弐氏被官の諸将の中で頭角を現したことを心良く思われなんだ。それに天文四年、冬尚の父資元(すけもと)公が大内義隆に滅ぼされたのは、龍造寺家兼の裏切りにあると曲解しておった。

少弐冬尚と馬場頼周は、水ヶ江家を根絶やしにする所存であった。そのために、ありもしない謀反をでっち上げ、その討伐を龍造寺氏に命じて敗北させ、龍造寺一族の力を削がんとしたのよ。

多久に出陣した村中龍造寺の家就殿こそ無事帰られたものの、胤明殿は杵島郡志久峠の戦いで大敗して討ち死にされてしまった。

与賀一党に命じられた松浦征伐は、西肥前への遠路の出征であったが義兄盛家殿を始め嫡男信以、村中龍造寺一党の家久殿も松浦郡大小野立川にて討ち取られてしまった。

総大将龍造寺家門公は、余の兄胤直と嫡男家親、胤直の女婿常家が付き従って有馬晴純討伐を目指したが、藤津郡小野原の戦いで大敗してしまった。家門公と負傷した家親は無事帰還したものの、残りは悉く討ち死にしてしまった。家門公は総大将であったため討ち死にさせるわけにはまいらぬので、我が兄胤直や女婿常家らが身に代えて家門公を逃したに相違ない。

我ら龍造寺一族は、多久は無論松浦でも藤津でも大敗してしまった。当たり前の話である。我らの軍勢、陣立、進軍路は敵に筒抜けであったからのう。

有馬勢や多久勢が佐賀城まで追い縋って来たが、佐賀城に残っていた兵を掻き集めて留守居の者で打って出て、逃げ帰ってきた敗残の兵を何とか収容はできたが……。

与賀の館は、息子・夫・父を亡くして遺された者たちの悲しみと怨嗟の声に満ち溢れておった」

涼、胤益・胤利兄弟、平三とも溢れる涙を袖口で押さえている。

胤知は沈痛の面持ちで話を続けた。

「この戦いにて、村中龍造寺本家では家久・胤明の二名が討ち死にした。与賀一党の者は、義兄盛家殿とその嫡男信以、惣領である兄胤直と女婿の常家の四名が討ち死にしてしまった。

然るに、水ヶ江家で討ち死にした宿将は一人もいなかった。余は密かに、家兼殿のなさりようを怨んだものである。

ところが馬場頼周は、更なる腹黒い企みを持っていた。家兼殿を始め、水ヶ江龍造寺一族の根絶やしを実現するのが彼の者の企みであったが、未だ実現していない。

首魁馬場頼周は、肥前の諸将を動員して佐賀城を取り囲むと、龍造寺一族の佐賀城からの退去を申し入れてきたのだ。申し出を受諾すれば、少弐冬尚への取りなしをしても良いとな。また少弐冬尚に謝罪の使者を送るのが良いのではとの申し入れであった。

家兼殿は、迂闊にもその申し入れを受け入れられてしまった。

家兼殿の嫡子家純(いえずみ)殿の長子周家(ちかいえ)・三男頼純(よりずみ)と惣領家門公の長子家泰(いえやす)を謝罪使として選任

すると、家来衆を付与して少弐冬尚の居住する勢福寺城へ派遣された。その付添人として鍋島清房殿の家来江副家久も帯同したので、総勢は四〇名ほどの一行であった。

また、筑前太宰府に逃れておられた村中龍造寺本家惣領胤栄公と繋ぎを付けるため、家兼殿の嫡男家純殿とその次男純家、水ヶ江龍造寺惣領の家門公に護衛の家来を付けて筑前太宰府へ派遣された。護衛には、やはり三〇名ほどの家来衆を付けられた。

全ての手筈を終えられた家兼殿は、一月二十二日、佐賀城を明け渡し、筑後の大友義鑑が家臣蒲池鑑盛殿を頼り、一族郎党を引き連れて退去された。我らも同道したのは、其方らも覚えていよう」

胤知は火床の燠火を掻き立てると、新しく薪を数本差し入れた。まもなく高熱の燠火に煽られて赤く炎を立ち始めた。

「筑後柳川城主蒲池鑑盛殿は、退去してきた百余名に上る龍造寺一族の世話を家臣原野恵俊殿に命ぜられ、原野恵俊殿は筑後三潴郡一ツ木村の自宅と周辺の民家を宿舎として提供された。

篝火が昼夜分かたず煌々と焚かれ、御方様自ら家の子・郎党や下女を指図して炊き出しをしていただいた。心身ともに疲れ切った我らにとって、温かい握り飯や漬物に湯気を立てる汁の何と美味しかった事か。その上、気付の酒や女子供には甘味物さえ準備されていた。有難い心配りであったのう」

「まことに、よく覚えています」

涼が感謝の言葉と共に頷いた。

「原野殿の屋敷で我らは三つに分けられ、退去した人数の最も多かった水ヶ江家一党が本宅に、村中本家の者と、我ら与賀一党が付近の民家にと宿舎を割り当てられた。村中本家は有力武将を二名、与賀一党も有力武将を四名も失い葬式も儘ならず退去した故、その夜は悲しみと涙と読経で一夜を過ごしたものよ。本宅に宿泊された水ヶ江家では、さほどの悲しみでもなく過ごされたと聞いておる」

涼も胤益も胤利とも、涙も枯れ果てたのか固唾を呑んで胤知の話に聞き入っている。

「しかし、一月二十三日佐賀より使い番が悲報を伝えてきた。千葉介胤連(ちばのすけたねつら)公の家臣石井忠義殿が派遣した使い番であった。筑前に向かった家兼殿の嫡男家純殿、水ヶ江惣領家門公、家純殿の次男純家が河上神社境内にて、馬場頼周の嫡子政員(まさかず)を大将として神代勝利(くましろかつとし)と共に騙し討ちにて打ち掛かり、一行全員が討ち死にしたという知らせであった。

そればかりではない。翌二十四日夕刻には、鍋島清房殿からも急使が派遣された。謝罪使として少弐冬尚が居住する勢福寺城へ向かった周家、頼純、家泰ら一行四十余名が、神崎郡祇園原(かんざきぐんぎおんばら)にて馬場頼周が家臣薬王寺隼人(やくおうじはやと)らの軍勢に囲まれ全員討ち死にしたとの知らせであった」

火床の中で、枯れた檜（ひのき）の実がバチバチっと爆ぜた。

「家兼殿の落胆ぶりは、見るに堪えることができないほどであった。齢九十歳を過ぎて、水ヶ江龍造寺家の有力武将である息子と孫六名を一度に失ったからのう。残された妻や子の嘆きはどれほどか。余は家兼殿が自裁されるのではないかと心配したほどであった。

余はこの時、命のやり取りで俸禄を受けることにほとほと嫌気がさした。夕べに酒を酌み交わした朋友が、朝には白刃を手に喚き声を上げて打ち掛かってくる。何と醜い生き様か。万一与賀の館に帰参することがあっても、父母や義兄盛家殿、兄胤直の血脈はおそらく断ち消えてしまうであろう。

三月末、家兼殿が佐賀に帰還される時、余は袂を分ち与賀一党の血を後世に残す道を選ぶこととした。筑後国三潴郡一ツ木村から筑後国三潴郡高橋村、筑前立花口村へと移り住んだことはその方らも知っておるであろう」

「ならば父上、この森部村に土着される存念でございますか」

納得いかないのか胤益が思わず言葉を荒らげた。

「これ胤益、お控えなされ」

見かねて涼が胤益を嗜めた。

「それは決めかねている。この地に留まるも良し、他の地に我らの安住の地が見つかればそこに移るも良いかも知れぬ。しかし、筑前や肥前など争乱の国と比べれば、筑後国の民は親切であり真正直である。この村とて、百姓が逃散して耕作されない田畑もあるであろう。寺社領なら、入れ札で小作の権を得ることができるやも知れぬ。また新たに田畑を開墾すれば、十年間は段銭を免租するのが天下の定法とも聞いている。領主の首はすげ変わっても、田畑に生きる者は変わらず後世に子孫を残すことができよう。

我ら手練れの者三人が、数年後には胤利を加えて四人になるが、盗賊や乱妨者の五人や十人くらいなら仕置きして村を守る事も出来ようから、この村にとっても損な話ではないと思うがのう。

もし村役や村の者が認めてくれ、安住の地があれば帰農しても良いと思っている。明朝になれば自ずと明らかになるであろう」

落武者狩りは乱世の慣いであった。村に迷い込んだ対馬胤知一行を押し込めて討ち果たし、銭や衣服・刀剣を奪って死体を山中なりに埋めてしまえば露見する事もない。

既に村社や末寺に村人が集まり、落武者狩りの謀が行われているかもしれない。

夜が白々と明けてきた。天候も回復して降雪も止んでいる。積雪の中、グッグッグッと雪を踏みしめながら村倉へ向かってくる音がした。それも一人や二人の足音では無かった。

対馬胤知、胤益と平三は、傍らの刀を引き寄せた。涼と胤利とは部屋の隅に避難したが、胤利は母親を守ろうと健気に脇差に手をかけている。

村倉に村役三人が向かっていた。三人とも洗い晒しの肩衣（かたぎぬ）や胴服で正装している。村長の市兵衛は緊張した面持ちで、三方に二段重ねの鏡餅と橙（だいだい）を乗せ捧げ持っている。助役の久助は粟餅をもろぶたいっぱいに、政次郎は正月の煮物を重箱に詰め村倉へと歩みを進めて行く。村役三名の後からは、物珍しさ見たさに森部村の老若男女がついて来ていた。

享禄　四年（一五三一年）　四月二十七日　龍造寺胤家卒法号　日　圓
天文十三年（一五四四年）　十一月二十二日　龍造寺盛家卒法号　剛雲日勇
天文十四年（一五四五年）　一月不明　龍造寺胤直卒戒名　不明
永禄　八年（一五六五年）　三月十一日　対馬胤知卒　法諡　凝雲院道賢居士
永禄十二年（一五六九年）　六月五日　胤知の室卒　法諡　清涼院妙高禅尼

未必の故意

1

天正十二年（一五八四年）三月二十一日肥前高来郡寺中城にて、龍造寺山城守隆信に叛旗を翻した有馬左衛門佐鎮貴（後の有馬晴信）討伐の戦評定が始まろうとしていた。

大広間に総帥龍造寺政家を筆頭に龍造寺家の宿将が詰めている。上座の床几に向かって、龍造寺肥前守政家、江上武蔵守家種、後藤伯耆守家信、龍造寺下野守康房、鍋島飛騨守信生、鍋島豊前守信房などの同門衆を始め、神代家良が陣代神代弾正忠、松浦党の松浦下野守鎮信、波多肥前守親などの肥前国人領主も参陣していた。

上座に床几が置かれ、その前に物見・細作が手書きした島原周辺の絵図が広げられている。その絵図を挟んで床几の右手に、龍造寺政家が着座し、対面に鍋島信生が控えていた。参陣した諸将も同門衆・寄騎衆と身分により着座し、その後ろに家老職など有力な陪臣も出席していた。一同皆、龍造寺隆信の出座を待っている。

「大殿様のお成り」

小姓の前触れの後、須古に隠居していた龍造寺隆信は、鴨打新九郎や田中善九郎ら数名の小姓衆と寵臣勝屋勝一軒を引き連れて上座の床几に着座した。

戦評定に出席した諸将は、隆信の御前に平伏した。

「皆のもの大儀である」

労（ねぎら）いの言葉を掛けたが隆信の表情は物憂げであった。毎夜の深酒で目は充血しており、飽食により体重も三十五貫に届くほど肥満している。もはや具足を着ることも叶わぬようで、法衣（ほうえ）の装束に絡子（らくす）を身につけ腰には脇差を差し込んでいるのみである。右手に枇杷（びわ）の木で誂（しつら）えた長さ四尺の指揮棒を杖代わりにしていた。左手が小刻みに震えており、既に酒毒に侵されているかもと見えた。

「敵状は如何（いかん）であるか？」

隆信の下問に嫡男政家と鍋島信生は顔を見合わせたが、信生が一礼して答えた。

「某（それがし）が説明申し上げます」

信生は絵図面の脇に進み出ると、手にした鞭で絵図面を指し示しながら隆信に説明し始めた。

「まず有馬鎮貴の軍勢でございますが、有馬の領地は四千町歩でございますので、総勢約二千名程度と思われます」

「その程度であるか？」

隆信は双眸（そうぼう）の奥の瞳を光らせながら呟（つぶや）いた。

「引き続き申し上げます。有馬総勢約二千の内、我が方に誼(よしみ)を通じております深江(ふかえ)城の安富下野守純泰(やすとみしもつけのかみすみやす)殿の押さえに約三百名、同じく島原の浜の城に篭っております島原式部太輔純豊(しまばらしきぶたいすけすみとよ)殿の押さえに三百名ほどを割いておるとみられますので、有馬勢の軍勢は残り約千五百名と推量しております」

「僅か千五百ほどか。小癪な。一気に討滅してやるわ」

腐った熟柿(じゅくし)にも似た息を吐き出しながら隆信がつぶやいた。

信生は、聴こえなかった素振(そぶり)で説明を続ける。

「有馬勢に与力する島津の軍勢でございますが、先陣三千名ほどが、安徳上野介純俊(あんとくこうずけのすけすみとし)が安徳城の船泊に上陸して有馬勢に合流しております。その後北上して島原純豊殿が浜の城の北半里に位置します森岳砦(もりたけとりで)に本陣を置いておる気(げ)にございます。島津中務大輔家久(しまづなかつかさだいすけいえひさ)を総大将に猿渡越中守信光(さるわたりえっちゅうのかみのぶみつ)、伊集院右衛門大夫忠棟(いじゅういんうえもんだゆうただむね)、新納武蔵守忠元(にいろむさしのかみただもと)ら宿将を引き連れております。また、肥後八代(やつしろ)の赤星統家(あかぼしむねいえ)の一味五十名ほども参陣しておるとのことでございます」

信生と政家は表情を隠したまま目を合わせた。

「赤星ずれが儂(わし)に意趣返しをするつもりか……」

昨年、島津に通じたと狐疑し田尻鑑種(たじりあきたね)討伐のため筑後柳川に着陣した隆信は、肥後の住人赤星統家に参陣を求め二回にわたり使者を派遣した。しかし赤星統家は言を左右にして出仕しなかった。そのため隆信は、質人として柳川に留め置いた統家の十四歳の息子と八歳の幼き娘を筑後と肥後の国境である竹井の原で磔にて誅殺していた。赤星統家夫婦はこれを深く恨み、薩摩の島津兵庫頭忠平（後の維新入道義弘）に愁訴して龍造寺隆信への復讐を誓っていた。

信生は隆信の言葉を無視して説明を続ける。

「島津勢につきましては、後詰めに二千名ほどが着陣したとも言われておりますので、有馬と島津勢合わせまして総勢六千五百程と思われます。

これら有馬・島津勢は、森岳砦の北、前山の崖面から浜手までの隘路部分に柴垣と大木戸を作り、鉄砲隊・弓隊・長柄槍隊を配置して防備を固めております。この大手口には、南北に幅約一間半の往還道路が通じておりますが、両側は蓮が生茂り腰まで沈む深田となっております。具足を付けておりませば胸まで深田に嵌り、草を刈るごとく容易に首を刎ねることができるでありましょう。騎乗ですと一列、徒士立の兵士であれば三列でなければ進軍できませぬ」

信生は、絵図の稜線と海岸までの位置を示しながら説明を加えた。

隆信は、耳元で囁く勝屋勝一軒の言葉にしきりに頷いている。

「また、我が軍に誼を通じております島原純豊殿の浜の城と安富純泰殿の深江城への支援の入城を阻止するため、有馬勢の番船が相当数島原沖に遊弋（ゆうよく）しております」

敵情の説明を終え、信生はひと息ついて隆信の下問に備えた。

「敵の陣備えはどうなっているか？」

隆信が信生に説明を求めた。

「はっ。森岳砦の島津家久・有馬鎮貴の本陣に馬廻衆及び島津勢約千名。大手中道の柴垣、浜の手に有馬勢の一千名と赤星統家の手の者が備え、残り島津勢の四千名は山手の丸尾（まるお）砦（とりで）に本陣を置くとともに前山稜線沿いに布陣していると見られます」

「うむ。承知した。信生、我が方の軍勢と陣備えはいかとなるか？　……喉が渇くなあ。勝一軒、湯を用意せよ」

「は、畏（かしこ）まりました」

勝屋勝一軒は脇に控える小姓に耳打ちして湯の支度を命じた。

湯が準備されるまで評定は進まない。水を打ったように沈黙が支配し、緊張で張り詰めた大広間には歴々の咳（しわぶき）一つ発せられなかった。

やがて、小姓が大振りの湯呑を三方に乗せて持参し、隆信の前に供えた。隆信は右手で湯呑みを掴むと口元まで持ち上げ匂いを嗅ぎ、美味しそうに喉を鳴らして一気に飲み干した。

「甘露。甘露。勝一軒相変わらず気が利くのう」

傍らの勝屋勝一軒に満足そうに声をかけた。

総帥政家は顔を伏しているが、その顔色は青白く沈んでいる。

信生は説明を再開した。

「我が方の陣立ては、北三会（みえ）方面からの軍は三手の備えとします。まず浜手に江上家種様の二千名を先手として、二陣に後藤家信様の二千名と都合四千名を充てる事としております」

「うむ」

隆信が頷いた。

「山手には、先陣に宿老小河武蔵守（おがわむさしのかみ）信俊（のぶとし）殿と納富能登守（のうとみのとのかみ）家理（いえのり）殿の各々一千名。第二陣は龍造寺康房様の一千名と倉町左衛門太夫（くらまちさえもんだゆう）信俊（のぶとし）殿の一千名とで都合二千名の備えとしております。第三陣は大殿様の旗本衆の三千名を予定しております」

隆信は無言のままである。

「大手中道には、某の柳川勢三千名と神代家良（信生の弟小川信俊の子で信生の猶子）が陣代神代弾正忠殿の指揮する神代勢五百名を我が手に加えて三千五百名を第一陣として、御屋形様のご本陣三千名に後詰めをお願いする事としております。

また、ご本陣の殿軍（しんがり）として上松浦衆と多久衆各々一千名にて警護させます。

別働隊として鍋島信房殿に二千名と藤津衆一千名の三千名を準備としております。寺中城と三会砦（みえとりで）の留守居約五百名を加え総勢二万三千名の着到となっております」

「うむ。それで攻撃の手筈（てはず）はいかになるのだ？」

山手側の第三陣とされたのが不満なのか隆信は不機嫌に声を発した。

「祈禱僧（きとうそう）の占いによりますれば、二十四日が吉兆日との事ゆえこの日を開戦とするのが良いと思われます。

その前日、二十三日に三会湊（みえみなと）に停泊させております軍船に武具と糧秣（りょうまつ）を積み、我が兄鍋島信房の別働隊二千名を、引き潮の急流に乗せて有馬勢の番船を蹴散らし島原浜の城に入城させまする。

また、同様に三会湊から藤津衆一千名を後続させ深江城に送り込みます。藤津衆の指揮は嬉野越後守尚道（うれしのえちごのかみなおみち）殿、与力として原豊後守尚家（はらぶんごのかみなおいえ）殿、同越後守氏家（えちごのかみうじいえ）殿を与同することとしております」

「軍を四つに分けると申すか？」

思いも掛けていなかったので、隆信は驚きの声をあげた。

「はっ。いかさま」

信生は、説明を続ける。

「本来ならば、高来（たかき）の地勢に通じております藤津衆と藤津郡鹿島に在番しております鍋島信房勢を先陣とするのが軍法ではございます。しかしながら島原殿と安富殿への支援と敵の本陣森岳城の搦手（からめて）からの攻撃が今回の戦の要（かなめ）でございますので、この二軍を遊軍として難しい戦に使う予定でございます」

鍋島信房と嬉野尚道、原尚家が承引して頭を下げた。

「……」

隆信は何事か深く考え込んでいる。

「深江城に入れました藤津勢千名は安富殿の城兵三百名とともに出張り、深江城を包囲しております有馬勢を打ち破り島原往還を北上させます。途中、有馬勢に与（くみ）しております安徳城の囲みに必要な兵を押さえとし、島原浜の城に入城させております鍋島信房勢二千名共々、島津・有馬勢の本陣でございます森岳砦の搦手を攻めさせます。その総勢三千余名を充てることとしております」

信生は、大手中道の戦立てについて説明を加えた。

「大手中道の先陣我が鍋島勢は神代勢を加えて三千五百名ではございますが、中道を無理攻めすれば、敵陣大木戸の正面は勿論斜め前方からも鉄砲・矢に射すくめられ、いたずらに兵の命を損耗してしまいましょう。大手中道への攻撃は、先に中道沿いに突出した方が負けでございます。左右は深田でございますので、胸まで泥田に嵌り鉄砲や弓で射すくめられ悉(ことごと)く討ち死にするでありましょう」

「臆したか信生。兵を死地に投入するのも将の役目ぞ」

隆信が揶揄(やゆ)した。信生は表情も変えずに手立てを述べていく。

「臆してはございませぬ。前日二十三日夜半子(ね)の刻に密かに出撃し、仕寄(しよせ)を前に中道を前進させ大木戸・柴垣の前約二十間に止め置きまする。さすれば真夜中でもあり敵の矢弾も防ぐことが出来ましょう。これより予(あらかじ)め用意しました土嚢・砂利を深田に投入し、中道の左右深田十間に攻め口の足場を造作させます。さらに仕寄に並べて土嚢を大木戸へ向かって投入して行けば、兵を敵陣に並んで左右二十間の幅で展開し攻め口を作ることが出来ます。その上で、大木戸に接近しましたら空船に枯木・雑木を積み上げ火をつけて押し出せば、敵方は鉄砲も矢も放つことができませぬ。

後は熊手・鉤爪(かぎつめ)で大木戸・柴垣を引き倒し兵をば進めば、当方は浜手先陣勢を加えて五千五百名の軍兵、有馬勢は一千名ほどであり兵数で圧倒し容易に大手口を撃破することが出来るでありましょう。

足場の手立ては二十四日辰の刻には整えますれば、これに併せて山手勢、搦手勢も押し出せば巾着の首を絞るが如く島津・有馬勢を殲滅することが出来ると思慮いたします」

信生の説明に、戦評定に出席している宿将は首肯し、参列している諸将の中に漣のように同意の囁きが広がって行った。

信生は、更に戦手立てを付け加えた。

「大手中道の攻め口が整い、鍋島信房勢・藤津勢が森岳砦の搦手に到着すれば、島津勢は否応無しに前山稜線に張り付けている四千名の内、大木戸・中道に一千名なり、搦手に同じく一千名なりの兵数を引き抜き、それぞれに手当てせざるを得なくなりましょう。かくなれば、当家の山手側の先陣勢、二陣勢と大殿様の御旗本勢にて、稜線に残された島津勢を打ち破れば当家の大勝となりましょう。無論、戦に敗北した島津勢や有馬勢は森岳砦に籠ると思われますが、砦を包囲した上で島津・有馬勢が和議を乞えば応えるのも良し。大殿様の思し召しのままに仕置なされば良いのかと……」

信生は、龍造寺政家と打ち合わせした陣立ての説明を行った。

隆信は態度を鮮明にしないまま、

「皆の者ご苦労であった。戦仕立てについては考えおくこととする」

と言い残して席を立ち、諸将が平伏する中大広間を後にした。

　寺中城の奥の書院に引き揚げた隆信は、茣蓙に胡座をかいて座った。既にうっすらと額に汗をかいており、左脇の脇息にもたれかかっている。

　付き従った小姓らは廊下に控え、寵臣勝屋勝一軒のみ書院に随身した。小姓が茶を運んで来たが、これもすぐに退出した。

「勝一軒。如何と考える？」

「はっ。僭越ながら飛騨守殿（鍋島信生）の作戦は、いささか小細工にすぎると存じます」

　勝一軒は、隆信の思いを推量し主君に追従した。

「その方も、そう思うか？」

　隆信は我が意を得たりと、嬉しげに頷いた。

「御意。元々飛騨守殿（鍋島信生）は今回の島原表の戦に消極的でございました。柳川から須古のお城まで駆けつけ、大殿様に出陣中止を諫言するなど身の程を弁えぬ振る舞いでございます。御屋形様（嫡男政家）の室が有馬鎮貴の御姉上であります故、島原表の戦には不熱心との噂も聞こえております。おそらく有馬・島津との和議を進めるための方便の包囲ではと思われます」

　以前より勝屋勝一軒と鍋島信生とは、そりが合わぬ仲であった。

龍造寺隆信に近侍して立身出世を望んでいた勝屋勝一軒は、戦場に出て戦功を上げることを望み隆信に出陣を懇願していた。

隆信は寵臣勝屋勝一軒の意を汲み、天正五年六月大村純忠討伐を目指して彼杵郡に出陣した機、河内砦攻めの先陣に鍋島信生と勝屋勝一軒を起用した。

龍造寺家の軍制では、先陣は二軍の備えとし「先陣の敗は二軍の不覚、先陣の勝は二軍の手柄」とみなし、先陣の両軍が相競い、相協力することを家訓としていた。

この戦いで、先陣の一軍として河内砦に攻めかかった勝屋軍は、砦方の反撃にあって窮地に陥ったが、二軍の鍋島信生は支援を行わず傍観していた。勝屋勝一軒の窮状に気を揉んだ隆信は、鍋島信生に出陣を命令してようやく事なきを得ることができた。

龍造寺家に鍋島清久、清房、信生と三代に亘り衷心より忠義してきた鍋島家への妬みか、事あるごとに隆信へ讒言してきた勝屋勝一軒への信生の意趣返しとも言われた。

勝屋勝一軒が続けた。

「先年打ち果たしました蒲池鎮竝に替わって飛騨守殿（鍋島信生）が筑後柳川に在番しておりますが、蒲池の遺領一万二千町歩に肥前の本貫地本庄千三百町歩を加えて当家随一の大身となっております。もし今般の島原表の戦いで飛騨守殿（鍋島信生）の戦仕立てで有馬・島津勢に勝利しますれば、その戦功は鍋島一族の飛騨守殿（鍋島信生）、豊前守殿

（鍋島信房）、龍造寺康房様（鍋島信生の実弟）らの大功となりましょう」

勝一軒の言葉を隆信は沈黙したまま聞いている。

「恐れながら、家中では飛騨守殿（鍋島信生）は今でこそ当家の代官でございますが、いずれは筑後一国の領主として独立するのではと噂する者もございます」

隆信も流石に同意しかねて、

「まさか、信生がそのような事を考えることもあるまい」

と否定した。

「はっ。取り止めもない噂でございます。某（それがし）も万一にも飛騨守殿（鍋島信生）に限ってそのような事はあるまいと推量しております」

勝一軒は、慌てて自らの言葉を打ち消した。

「儂が軍は二万三千名の兵数、島津・有馬は六千五百名の兵数。小細工を弄せずとも山手、大手中道、浜手から力攻めすれば容易に撃破できるであろう。勝利した上で、島原浜の城と深江城を支援すれば、そのまま有馬が本城日野江城まで攻め寄せて落城させることもできよう。

日野江城を攻略した後肥後八代に渡海して、南関に在番しておる家晴（いえはる）（龍造寺家晴）と合流し島津と乾坤一擲の大勝負を仕掛けようぞ」

十七歳で龍造寺家惣領となって四十年、数多の戦を経験し離合集散と野合を重ね、権謀術数により生き抜いてきた隆信にとって、この島原表の戦いは左程困難な事ではないと思っていた。今や肥前国のほぼ全てを領有し、豊前・筑前の半国、筑後一国と肥後の北半分まで併呑して九州随一の国主であると自負している。

しばらく考えを巡らした後、隆信は勝一軒に命令した。

「陣替えを行う。明日の午後、一同を寺中城大広間に参集させよ」

「ははっ。承知いたしました。諸将の宿営地に使い番を遣わします」

勝一軒は、隆信の前に平伏して言上した。

翌二十二日の午後、寺中城の大広間で再度の戦評定が召集された。前日の戦評定の陣立てに従って宿営地を変更し出撃に備えていた諸将は、何事かと怪訝な表情で大広間に参集している。

やがて勝屋勝一軒と小姓衆を引き連れて隆信が姿を現し、上座の床几に腰を下ろした。出席した諸将は平伏して隆信を迎える。

「一同大義である。昨夜一晩考えた上、陣替えを行うこととした。これは儂の下知である。違背は許さぬ。詳しくは勝屋より伝える」

隆信は、勝屋勝一軒に説明するよう促した。

「はっ。承って候」

隆信の脇に控えていた勝屋勝一軒は、立ち上がって陣替えを伝達した。

「大殿様の思し召でございます。大手中道と山手の陣立てを交代いただきます。大手中道の先陣は小川信俊殿と納富家理殿の二千名。第二陣は龍造寺康房様と倉町信俊殿の同じく二千名。本陣は大殿様の三千名の陣立てとします。また本陣右脇手として上松浦衆の一千名。左脇手として多久(たく)衆の一千名の備えとなります。

次に山手の先陣でございますが、鍋島信生殿の三千名に神代家良勢の五百名を加えた三千五百名とし、山手の第二陣として御屋形様の三千名に出張(でば)っていただきます。なお、鍋島信房殿と藤津衆については島原浜の城と深江城への海上からの入城を取り止め、本陣を守護する殿軍(しんがり)として備えていただきます。軍奉行は、成松遠江守(なりまつとおとうみのかみ)殿、百武志摩守(ひゃくたけしまのかみ)殿、圓城寺美濃守(えんじょうじみののかみ)殿、高木大栄入道(たかぎたいえいにゅうどう)殿に任ぜられます。以上が大殿様のご下知でございます。一同ご承引願います」

既に出撃に備えて宿営地を構え、手立てしてきた諸将に動揺が広がっていく。顔を伏して陣替えの沙汰を聞いた政家と鍋島信生の頬はうっすらと紅潮していった。二人が必勝を期して工夫した陣立てである。それをあっさりと唾棄されてしまったのだ。顔には出さないものの、腹の中は怒りで煮え繰り返っていた。

「なお、大殿様の思し召により、某が軍監を仰せつかっております。戦の開始時刻は二十四日辰の一点となりますので、諸将打ち合わせの上陣替え・陣構えに万全を期すようお願いいたします」

勝屋勝一軒が陣替えの説明を終えた。

「山手勢の役目は、敵の四千名の軍勢を前山の稜線に釘付けにしておく事である。さすれば大手中道と浜手の敵勢を容易く撃破できよう。万一、稜線の敵勢が大手中道と浜手に援軍を送るべく陣替えを試みる時には、山手勢の味方六千五百名にて前山に取り付き、一気に撃滅することが役目ぞ。屹と申し付ける。一同遺漏の無きように。大義であった」

隆信は、政家と信生に申し付け諸将を一瞥すると、性急な態度で大広間を退出していった。その後を小姓や勝屋勝一軒が慌てて付き従った。

残された諸将の間に動揺と困惑が広がっている。あちこちで諸将が額を寄せて話をしている。

鍋島信生と龍造寺政家は、目顔で合図を交わすと信生が立ち上がって発声した。

「一同静粛にされよ。御屋形様より御下知がある」

大広間は瞬く間に静まり返った。

「皆の者、お父上の御下知はお聞きの通りである。異論は許さぬ。これよりすぐに陣所に立ち帰り陣替えをせねばならぬ。陣替えの刻限は、明日二十三日の正午までとする。決して有馬・島津勢に付け込まれぬよう細心の手立てをもって対応いただきたい」

諸将は平伏し、政家が退出するのを待って各々の陣所に帰っていった。

大手中道への攻略のため中尾川と北川の中原に展開していた鍋島軍は、戦評定から帰陣した信生の命により山手側へ移動し始めた。鍋島軍の右備えの兵たちは、姫添山(ひめぞえやま)の山裾に建立されている熊野神社の脇から山麓に分け入り頂上へと登って行く。姫添山は、北川の枯れ谷を挟んで島津軍の丸尾砦と約五町の距離にて対峙していた。隆信の命令通り丸尾砦を牽制するには必要不可欠な要所であり、鍋島軍の右翼を担当する馬渡賢斎(まわたりけんさい)や矢作小右衛門純俊(やはぎしょうえもんすみとし)に率いられた一千名の鍋島軍が占領した。

鍋島信生自身は、姫添山の東山裾に位置する熊野神社に五百名ほどの将兵と共に本陣を置き、残り二千名の軍兵について枯れ谷を堀切と見立てて北川沿いに展開して防御の姿勢を整えた。無論、島津勢が大手中道に前山より援軍を出すため陣替えする構えを見せたら、前山の山麓に取り付き攻撃するという意図も備えている。

中尾川の南に布陣していた政家は、山手側に帯陣している龍造寺康房や倉町信俊と陣替えの打合せを行い、二十三日の午前中までには姫添山の北方に山手第二陣の位置へと陣替えを終えた。そして自軍の三千名から五百名の軍を分かつと、姫添山北方の山頂に本陣警護のために展開させ布陣を完了した。山裾に本陣を置いた政家の陣所の前方には、同じく陣替えを行った鍋島信生の三千五百名の先陣が布陣を完了している。

政家は馬廻役と近習衆を引き連れて、杏葉紋を染め抜いた陣幕を張り回らす鍋島信生の本陣を訪れた。

予め使番によって政家の来訪を告げられていた信生は、本陣の上手に床几を備えて政家を迎えた。

「皆の者、大義である」

鍋島家の家臣たちに労いの言葉をかけると、政家は近習の案内で熊野神社の境内に置かれた本陣の床几に腰を下ろした。

「御屋形様、よくぞおいで頂きました」

信生も政家に一礼して、下座の床几に腰を下ろした。山手勢の先手を務める神代弾正忠、三瀬大蔵や筑後の田尻但馬入道了鉄、西牟田紀伊守統賢などの諸将や鍋島家の家人など宿老たちが、信生の背後に片膝ついて待機している。

「うむ。皆の者苦労をお掛けする。この度は前山の敵陣をこの目で見たく罷り越した」

「左様でございましたか。ならばこれよりご案内仕ります」

信生は敵方島津の陣が望見できる高台へと政家を案内した。政家と信生の小姓・馬廻役の士分二百名ほどが二人を警護して付き従ったが、政家は警護の者を遠ざけ信生二人のみで高台から敵陣と味方の布陣を眼下に置いた。

「あれに見えますが島津兵が布陣しております前山の稜線にございます」

信生が鞭にて敵陣を指し示した。稜線の頂上丸尾砦に島津の丸に十字を染め抜いた幟が十数本はためいている。

「兵が見えぬな？」

「はっ。死兵でございます」

「死兵とな？」

政家が怪訝な面持ちで信生に聞き直した。

「島津勢は生還を期すことを考えておらぬそうでございます。昨年、島原表への島津乱入の機、安富純泰殿らの奮闘で島津勢の侍大将新納刑部太輔・蓑田平右馬助らを討ち取ってございます。島津勢はその復讐を誓い、鹿児島の神前において神酒を酌み交わし死兵として島原に出陣したとのことでございます。全てこの島原表の戦で討ち死にする覚悟で戦いに臨んでおります」

信生は、肥後八代に潜入していた細作が入手した情報を伝えた。

「それで兵も旗指物も見えぬか？」

「はっ、いかにも。死兵は功名を求めませぬ。大将首以外は打ち捨てにせよとの命が出ているとの事。よりまして合印の真紅の錦布を左袖と背中に縫い付けるばかりで旗指物も首包も備えておらぬようでございます。只ならぬ手強な軍勢と思われます」

百戦錬磨の信生も、尋常でないほどの緊張を強いられている。

「昨年、島津勢を容易く打ち破ったため、父上は敵勢を下算しておられる。其方が工夫した当初の陣立てなら、島津勢も搦手と山手、大手中道、浜手に分散されるため、死兵であっても打ち破ることができよう。しかし四千名もの死兵が一丸となって前山から我らが陣へ突撃されたら、如何にお主が強兵鍋島勢で防御しても流石に持つまい。

今回の出陣には、我が家の戦巧者である多久の長信叔父上、筑前一の岳の城に在番しておる信周叔父上や肥後南関に在番している家晴殿も出陣しておらぬ。この猛将どもが参陣しておれば、お主が当初の陣立てにご同意いただき自ら搦手への攻撃に身をおいて島津・有馬勢を攻略いただけたに違いない。心許ない限りである」

政家の顔色も、変わっている。

「はっ。我が兵は三千五百名ですので恐らく持ちませぬ。ですが手立てが無きこともありませぬ」

信生が政家に囁いた。

「手立てとな？」

政家が問い返した。

「はっ、大殿様のご下知には違背しますが……。姫添山に布陣しております右翼衆千名にて丸尾砦を攻略させます。稜線を山なりに迂回させ、丸尾砦の西から攻めかからせます。さすれば丸尾砦攻略の後、前山から一気に雪崩を打って森岳砦の島津本陣を壊滅させることが可能となりましょう。併せて丸尾砦への攻撃が始まれば、北川沿いに展開しておりまず我が本軍も前山山麓を攻め上り島津勢を撃ち破り、別働隊と相合力して森岳砦の島津本陣を攻略いたします。この手立てなら当家の勝ち戦と相成りましょう。ただ、軍命に逆らいますので大殿様はお怒りになるかと……」

信生は自らの戦の見立てを政家に披露した。

「信生、全ての責めは我が受ければ済むこと。姫添山へは、我が本陣警護のため五百名の兵を山頂に配備しておるが、さらに五百名を増員してお主の別働隊の後詰めとしようぞ。丸尾砦攻略に合わせて、其方と我の兵で島津・有馬の本陣を逆落としに急襲して壊滅させよう」

政家が決意のほどを示した。

「御屋形様、有り難き幸せにございます」

二人は、手立てを確認すると小姓や馬廻役が待つ自陣へと降りていった。

2

天正十二年（一五八四年）三月二十四日辰の一点（午前八時ごろ）、島原沖田畷にて龍造寺軍と島津・有馬連合軍が激突した。

この日の龍造寺軍が総大将龍造寺隆信の出立は、白の括り袴に白の脛巾と白足袋、法衣の下には腹巻の鎧をつけ、その上に墨染の法衣を着込んでいる。法衣を石帯で結び一尺七寸の国次の脇差を鉄扇とともに手挟んでいた。頭は白の五条袈裟で包み、首から頭陀袋と大数珠を身につけている。頭陀袋には、戦功あった武将にその場で感状を与えるため矢立てと巻紙を入れていた。また戦働きに秀でた足軽・小者や夫丸に褒美を与えるため、小粒金を巾着に入れて懐に入れていた。手に枇杷の木の指揮棒を持ち、人足六人が担ぐ山輿に胡座をかいていた。

前方の島津・有馬勢を睨んでいた隆信は、頃は良しと右手に握った指揮棒を頭上高く振り上げ前方に振り下ろした。

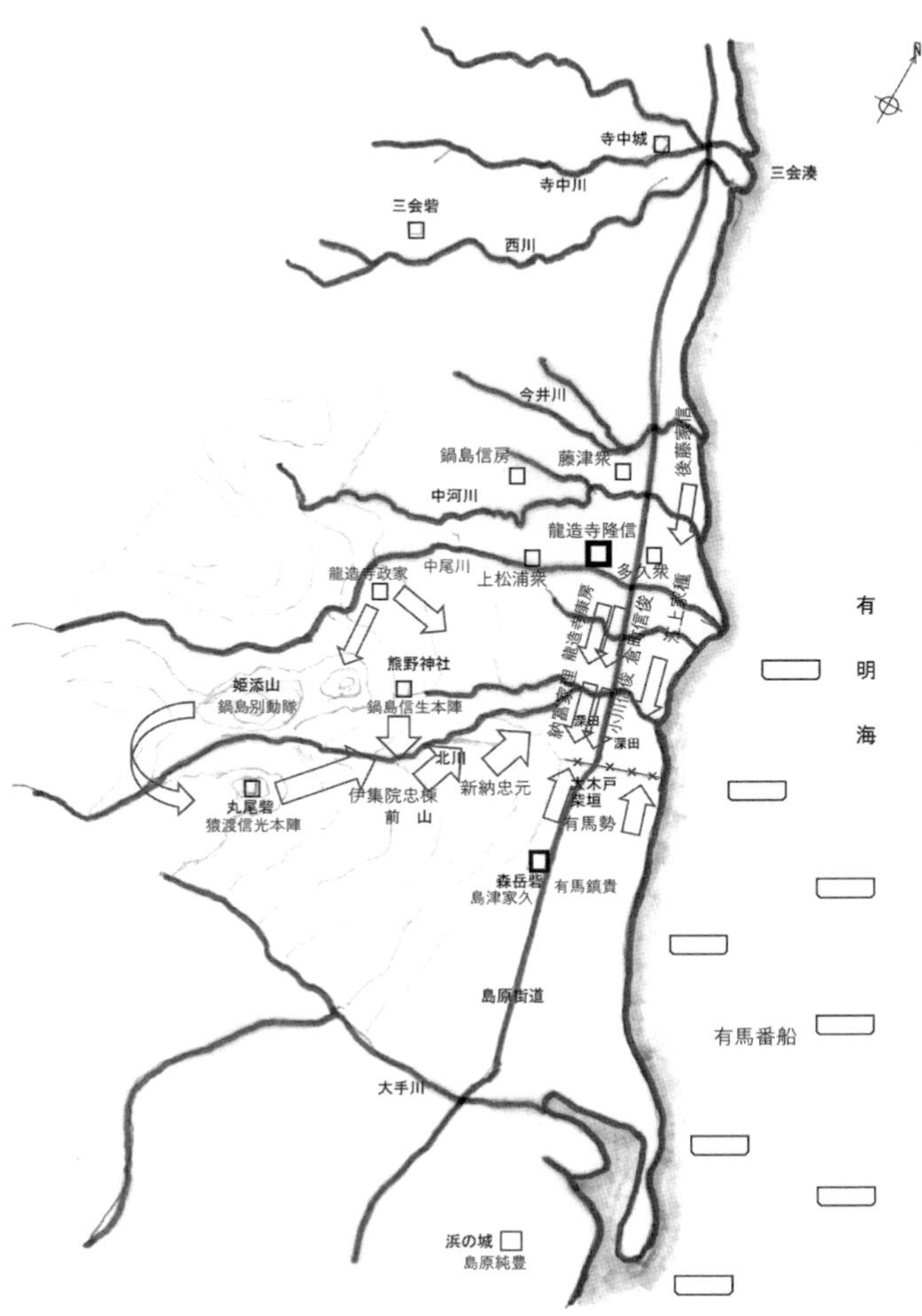

天正12年沖田畷布陣図

法螺貝が戦場に鳴り響き、攻め太鼓と鉦に従って大手中道、浜手と龍造寺麾下の軍勢が押し出して行った。

浜手では隆信が次男江上家種の二千名の兵が土手と浜辺に展開して、有馬が馬防柵を突破しようと竹束や防楯を前に立てながら近接して行った。一陣の後には三男後藤家信の同じく二千名が後続していく。

島津家久は、龍造寺軍が搦手からは攻撃しないと見極めると、自らの本陣の警護においていた島津一千名の予備兵力を大手中道と浜手の戦いに投入した。

馬防柵の内側に竹束と防楯を巡らし、攻め寄せてくる江上家種勢を二十間の近距離まで引き付け、多くの鉄砲で一斉に銃弾を放った。江上家種勢からも鉄砲足軽が応射するが、馬防柵に銃身を依託して行う有馬勢の正確な射撃により江上勢の兵の死傷者が続出していった。

両軍の斉射で黒々とした硝煙と硫黄の臭いが戦場に立ち込め、軍兵の視界を奪っていく。

有馬の鉄砲隊が射撃を終えると、すぐに島津の鉄砲隊が入れ替わって馬房柵に取り付き依託射撃の準備を整える。山風で黒煙が海辺に流され視界が回復すると、再びバチバチと焙烙で椎の実が爆けるように斉射を加えてきた。

攻勢をかける江上勢は、土手の斜面や砂浜の起伏を利用して前進して突撃を試みるが、有馬勢の弓兵が盛んに征矢（そや）で射立てて馬房柵へ取り付かせない。

加えて、島原沖に遊弋していた有馬の番船二十数隻が、それぞれ十数名の鉄砲足軽と弓兵を乗船させて有明海を北上してきた。二十挺艪（にじゅっちょうろ）の小早船の左舷に防楯を立て、海岸に近接すると長く延びた江上勢の横腹に激しく矢玉を放ってきた。

江上勢も混乱しながらも竹束や防楯を備えて応射するが、敵陣への進撃速度が低下していく。

有馬の水軍は単縦陣を組みながら、順次江上勢を銃撃すると三会湊（みえみなと）手前で反転し、右舷からの射撃へと組み替えて、再び銃撃しながら島原沖に引き返していった。浜手での戦いは前進することができぬ膠着状態へと陥っていった。

浜手での戦いの火蓋が切られたのと同刻に、大手中道から大木戸への攻撃も開始されていた。先陣の一軍小川信俊勢が中道へ進出していく。防楯や竹束を前に大手中道を二列縦隊で鉄砲足軽が押し出して行った。

足軽小頭が六尺棒を深田に差し込み深さを確認しているが、三尺近くズブズブと深田に突き刺さってしまった。深田に入っての攻撃は無理だと確認していた。

一軍の先鋒が有馬勢の大木戸約二十間に到達すると、前面の防御柵から有馬鉄砲隊の一斉射撃を受けた。長く伸びた単縦陣の小川隊に対して、前方と斜め前方からの火力差十倍にも及ぶ十字砲火で龍造寺軍の将兵は次々と射倒されていく。息絶えた兵士の死体は深田に投げ込まれ、手傷を負った兵士は後送されていった。小川信俊は、新手の兵に入れ替えて二度、三度と攻撃を試みるが大きな損失を出して一時撤退した。

二軍の侍大将納富家理が、一軍の小川信俊の本陣に様子を見にきていた。

「小川殿、敵勢はいかに？」

「攻め口が中道一本では細すぎる。敵の矢玉で味方の損害が増すばかりだ。二百名程の兵を失った。兄者（鍋島信生は小川信俊の実兄）の申しようの通り、攻め口を中道の左右に展開しなければ敵陣の突破はできぬぞ」

信俊は悔しそうに言い捨てた。

「信俊殿、交代じゃ。我が二軍で打ち掛かってみようぞ」

家理が攻撃軍の交代を申し出た。

「よろしく頼む。兄者（鍋島信生）が、川船と土嚢を既にそこそこ準備していたと聞いておる。敵方から見えぬよう、中尾川や北川筋の窪地に隠しているに相違ない。これより使いを出し兄者の許しを得て、我が兵に運ばせよう。其の間、敵への手当を頼むぞ」

「承知した。お主が帰ってくるまで、兵を温存して攻撃を継続させようぞ」

一軍と二軍を入れ替えて、納富家理の軍勢が中道を押し出していった。

小川信俊は鍋島信生の陣に使い番を出すと、すぐに損傷した自軍の再編成に取り掛かった。残兵八百名の兵で、川船と土嚢と枯木を運び、何とか中道左右十間幅の攻め口を築くつもりである。

納富家理の軍勢が攻撃に取り掛かったのか、盛んに前方から銃声が聞こえ始めた。

龍造寺軍の総大将龍造寺隆信は苛ついている。開戦から一刻が過ぎようとしているのに、自軍は一歩も前進していない。大手中道や浜手からは盛んに鉄砲の発射音が聞こえているが軍は停止したままである。

山手に目を移すと、鍋島信生の先陣も政家の本陣も静まり返っている。鍋島信生は北川沿いに軍勢を展開して島津の軍勢を牽制していた。鍋島軍の最左翼には、神代弾正忠が陣代を務める神代家良勢五百名が布陣していた。そのすぐ下手側には、大手中道攻めの二陣を務める龍造寺康房軍が縦列で南北に長く布陣をしていた。

隆信は鍋島信生や嫡男政家が自らの言いつけの通り、島津軍を牽制し釘付けにしていることに満足であった。このまま大手中道を突破し、島津・有馬の森岳砦本陣を突けば我が軍の勝利となると確信していた。

（それにしても、なぜに中央軍は前進せぬのか？）

「誰かある。物見役を呼べ」

隆信は馬廻の武将を派遣して、大手中道の戦況を確認するつもりである。

「はっ。控えております」

馬廻役の吉田清内が、隆信の前に進み出て平伏した。

「その方、小川信俊、納富家理勢まで行き戦況を見て参れ」

「畏まりました」

吉田清内は、使い番用の軍馬に騎乗すると大手中道宛に鞭を入れた。

（儂が尻を叩かぬと物事は進まぬのか？　これまでもそうであった。儂が草創のおり、周囲は強敵ばかりであった。蓮池の小田政光・鎮光父子、高木胤秀・鑑房一族、神代勝利・長良父子、江上武種などなど。味方は本庄の鍋島と小城の千葉介胤連、石井党ら少数であった。幾度先陣勢が崩れ、儂が馬を押し出して勝利に導いたか。忘れもしない。あれは永禄四年〈一五六一年〉の神代勝利父子との河上合戦であった。肥前随一の驍将神代勝利に押されに押され先陣が崩れ立ったものの先陣と二陣を入れ替え、儂が馬廻とともに打ち入れ神代勢を打ち破ったではないか。この島原表の戦いでも、先陣勢の埒が明かなければ、本陣を前に進めて直接叱咤激励しようぞ）

四半刻で吉田清内が立ち戻り隆信に復命した。幕下の宿将も参集し、吉田清内の報告を待ちかねている。

「敵の防御が強固で、小川様、納富様の軍勢とも前進できておりませぬ。兵の損傷も思いの外甚大でございます。小川様は、攻め口を拡大するため鍋島信生様が準備しておりました空船と土嚢を中道に運ぶよう手立てしております」

「うむ。ご苦労であった。皆の者、本陣を二陣の康房・倉町が本陣まで進めようぞ。伴を許すは馬廻衆とその家来、使い番、小姓衆と軍奉行・軍監とする。本軍の采配は信門に任せる。先陣、二陣が前進せば本軍も追及せよ」

隆信は手際よく陣割りを指示すると、指揮棒で山輿の縁を叩き人足どもに前進を命じた。

「本陣が動きます。南へ動きます」

仮櫓(かりやぐら)から物見の兵が大声で報告した。

「何、本陣が動くだと？」

政家は床几から立ち上がり、幕下の宿将らとともに高台の鼻に向かった。

眼下に龍造寺軍の陣立てが広がっている。その中軍から龍造寺隆信の本陣が十二日足(じゅうにひあし)紋(もん)と旭日(きょくじつ)の大旗を風に靡かせながら南へと移動して行く。三百人ほどの屈強な馬廻らに厳重に警護されながら、強肩の人足六名に担がれた白い山輿に乗り、隆信が屹と前方を睨んで進んで行った。本軍の采配を御側衆頭(おそばしゅうかしら)の龍造寺馬太夫信門(りゅうぞうじうまだゆうのぶかど)に委ね、隆信の本陣は大手中道の二陣龍造寺康房と倉町信俊の軍勢の後尾から分け入り、更に南下して二陣の本陣に合流しようとしていた。

(危ない。父上は何をなされるおつもりか?)

「使い番は控えているか?」

政家は、父隆信に進軍を中止するよう進言するため、幕下に近侍している馬廻役を呼んだ。

「はっ、控えております」

(いや無駄だ。父上はこれまで我の進言・諫言をお聞き入れになった事はない。お歳を召すに従ってお父上の狷介(けんかい)で強情な性格は増してしまった。諫言すれば逆に意地になって、ますます本陣を南に進めるであろう)

「いや、良い。そのまま控えておれ」

政家は進言することを諦めた。最早なるようにしかならぬという思いであった。

前方の鍋島陣を望むと動揺もなく静まりかえっている。既に姫添山の鍋島勢の右翼衆は丸尾砦攻めに進発しているに違いない。空陣となった姫添山へは、自らの手勢一千名で占拠させ、鍋島勢の後詰めとして丸尾砦攻撃に参加させる手立てを整えている。

熊野神社に本陣を置いた鍋島信生の軍勢は静まりかえっていた。

(信生も我と同じ思いか？　父上に諫言しても無駄と諦めているに違いない)

前山の稜線に目を移すと、島津軍の左翼部分に赤黒い染みが滲み山麓へ広がり始めた。

「島津勢が動き始めた。者ども油断するな」

政家は、家臣らに言い聞かせた。


前山の頂上丸尾砦に陣を敷いていたのは、猿渡越中守信光とその嫡男彌次郎(やじろう)が指揮する二千名の島津勢であった。

丸尾砦の物見櫓から谷一つを隔てた姫添山を望むと、鍋島勢を示す杏葉紋の旗指物や諸将の旗指物を背にした将兵で満ち溢れていた。その将兵たちは、姫添山の稜線沿いに西へ移動を開始している。

「彌次郎。あれを見よ。敵勢は山を迂回してこの砦を攻めるつもりに相違ない」

「いかにもお父上の見込みの通りでありましょう。約一千名の兵数と見受けられます。肥前兵など恐るるに足りませぬ。某(それがし)にて幾らか兵数を預かれば見事敵勢を撃ち破りまする」

彌次郎が、信光に丸尾砦の守備を申し出た。

信光は、嫡男彌次郎に三百名の兵を与えて丸尾砦の守備を命じると、残り一千七百名の軍兵を敵から見えぬよう稜線に控えて張り付かせた。

「龍造寺の本軍に変化が見えます」

丸尾砦の櫓（やぐら）から敵陣の動きを監視していた物見の将士が信光に注進した。

信光は、急いで櫓の張り出しに立って龍造寺の軍陣を凝視する。

「本陣が動いている。十二日足の家紋を染め抜いた馬印が南へ向かう。隆信が南に突出している。彌次郎、好機じゃ。侍大将と組頭を集めよ」

信光は彌次郎に命じて、麾下（きか）の侍大将や組頭を招集した。足下に集った部下たちは陣割りや攻撃順路の指示を信光から受けると、自らの部隊に散っていった。稜線に張り付いている軍兵が俄に活気づいていく。

信光は使い番を引き寄せ中軍宛の伝言を言い含めた。

「中軍の伊集院殿、新納殿に伝えよ。良いか。猿渡軍とその手勢千七百名は、敵の総大将隆信の本陣が前方に進出したにより、これより山を降りて敵の右翼鍋島勢への攻撃を開始する。鍋島勢を押し込み隆信が本陣への進撃路を確保するにより、中軍は速やかに後続して隆信が本陣を突き首級（くび）を上げるべし。と伝えよ」

「委細承知仕りました」

使い番は自らの郎党を引き連れて、急いで前山の稜線の中央に陣を張る伊集院忠棟、新納忠元隊を目指して稜線沿いに前山を下っていった。

信光は、自分を見上げている将兵たちに頷くと采配を大きく振るった。

足軽大将や組頭の指揮に従って、竹束を持った足軽を先頭に鉄砲隊、弓隊、長柄槍隊の順に稜線を越えて北川沿いに陣張りしている鍋島隊に殺到して行く。

その後を島津の士分の武将達が馬上筒(ばじょうづつ)や鉄砲を手に、十数人の家人・郎党・小者を引き連れて追及していく。家来たちも手に、それぞれ手槍・長巻・大太刀や弓鉄砲など手馴れた得物を取って主人を警護しながら付き従った。

エイ、エイ、エイと鬨の声を上げながら山裾へ駆け降りた島津勢猿渡軍は、鍋島勢の陣形に沿って軍兵を展開していった。

島津軍が鍋島軍に二十間程に距離を詰めた時、鍋島軍の鉄砲隊が一斉射撃を敢行した。竹束で防御しているものの、攻め寄せてきた島津軍の将兵が次々に射倒されていく。島津軍の鉄砲足軽隊も反撃の斉射を行った。双方が損傷を出していくが、次発装填のために鉄砲足軽が後退すると、弓兵が盛んに征矢を射放している。島津隊はなお急速に接近すると、三間柄の長槍足軽隊が枯れ谷を超え穂先を揃えて鍋島隊に突き掛かっていった。鍋島勢も長柄の槍隊を繰り出し、双方の足軽は怒号を上げながら長槍で突き合い、敲(たた)き、払って白兵戦を繰り広げ始めた。

長槍隊の背後から肉迫した島津勢の徒士立ちの武将らは、鍋島勢の足軽大将や組頭を自らの鉄砲で狙撃した。前線で防御の戦いの指揮を取っていた鍋島勢の足軽大将や組頭が銃弾により損傷を受け、指揮者を失った鍋島勢の隊列が崩れていった。狙撃を終えた島津の士分たちは背後に付き従った郎党に鉄砲を渡し、代わりに自らの二間柄槍を受け取ると敵陣に身を捨てるように打ち掛かった。

肥前最強と謳われる鍋島勢も、生還を期さない覚悟の島津勢による捨て身の攻撃と鉄砲の巧妙な運用によりジリジリと後退を余儀なくされていった。猿渡信光は、隆信本陣への突撃路を確保すると前山の稜線に目を移した。

前山の中程の稜線から島津勢の中軍が山麓を下り始めた。赤黒い奔流となって、隆信本陣の大旗を目指して殺到して行く。足軽鉄砲隊も弓隊や長柄槍隊、士分の一団も渾然一体となって、龍造寺軍の二軍へ打ち掛かろうとしていた。

猿渡信光が嫡男彌次郎の守備する丸尾砦へ目を移すと、敵味方の怒号と銃声と共に鉄砲の硝煙が砦周りに立ち昇って砦全体が燻って見えた。鍋島の右翼勢が丸尾砦の攻略に取りかかり、彌次郎を主将とする三百名の守備隊が懸命に防戦しているに違いなかった。

（彌次郎、何とか敵将龍造寺隆信の首級を取るまで防戦してくれ。決して死ぬなよ）

信光は藁にもすがる思いで、島津中央軍の攻撃部隊に手を合わせた。

龍造寺軍二陣の龍造寺康房と倉町信俊は、隆信本陣を守るため南北に長く伸びた自軍を円陣に組み替え、島津勢を迎え討とうしていた。隆信の山輿廻りに二本の旌旗（せいき）を打ち立て、小姓衆と軍奉行・軍監が警護し、その本陣を馬廻役三百名が円形に取り囲んで島津軍の攻撃から隆信を防御しようとしている。更に龍造寺康房と倉町信俊の旗本が二重、三重に隆信本陣を取り囲んで島津勢に当たろうとしていた。

島津勢の中軍は三本の奔流となって、龍造寺軍の二陣に突撃を敢行した。右翼軍の約五百名の軍勢は前山の山麓に沿って龍造寺康房と倉町信俊の軍勢を二つに断ち切ろうとしている。左翼軍もほぼ同じ五百名の軍勢で龍造寺軍の二陣と後続の本軍の間に分け入って隆信の本陣を孤立させようと打ち掛かっていった。中央軍約一千名は、餓狼が獲物の横腹に喰らいつくごとく隆信の本陣目掛けて突撃と包囲を敢行しようとしていた。

龍造寺軍の馬廻は、二重、三重に隆信本陣を防御したが、鉄砲や弓などの飛び道具が不足していた。総大将が二陣に突出するなど、予測もしていなかった対応を迫られていたために防御の竹束や防楯も不足していた。対して攻撃する島津軍には、騎乗の武士も徒士立ちの武士も鉄砲の射撃に熟達し、自らの鉄砲を従僕に担がせていた。また弓術に長けた兵士も多くを擁している。

　龍造寺軍の本陣に肉迫した島津軍は、鉄砲と矢を釣瓶打ちに射掛けた。防ぐ手立てを持たない龍造寺軍の馬廻は次々に崩れ落ちていく。具足で征矢は防げるものの近距離からの鉄砲は容赦なく具足を撃ち抜いた。激しい島津軍の攻撃に、龍造寺軍の本陣は海側にジリジリと押されて行く。龍造寺康房や倉町信俊は、防御するだけでは主君を守りきれないと判断し、馬廻役を五人、十人の単位で島津軍に切り込ませた。龍造寺康房も倉町信俊もこの乱戦の中で討ち死にしてしまった。

　隆信直衛の馬廻も主君に永の暇乞いを得ると、島津軍の兵を道連れに討ち死にする覚悟を持って敵方に切り込んで行く。隆信の本陣は、急速にやせ細っていった。

　隆信の小姓の鴨打新九郎は軍奉行や同朋衆と共に隆信の山輿を警護していたが、十二日足紋と旭日の馬印が島津軍の絶好の的になっていると知ると、旗を巻き旗竿から二流の大旗を外し、折り畳んで小脇に抱え山輿を安全な場所へと誘導した。

　敵の攻撃を逃れて海辺側に移動したものの、既に隆信が座乗する山輿の周りにも敵の銃弾が飛び交い、島津勢が包囲の輪を縮めてきている。

「良い。もうここらで良いぞ」

　隆信は、最後まで付き従った鴨打新九郎や田中善九郎、福地千に命じて山輿を止めさせた。多くの馬廻が隆信を逃そうと島津勢に討ち入り、最早付き従うは軍奉行の一人高木大栄入道や小姓衆とその従僕の二十名ほどに激減していた。

「ははっ」

鴨打新九郎は、葦が生い茂ってはいるが、比較的平らな砂洲に山輿を据えさせた。既に山輿を担う人足も二人が手傷を負って落伍し、四名で担ぐ始末となっている。その四名の人足も疲労困憊して地面に打ち伏し肩で激しく息をついていた。

鴨打新九郎は、折り畳んで小脇に抱えていた十二日足紋と旭日の大旗を山輿に備えた。

「馬印を立てれば島津勢の目印となります故、旗を巻き折り畳んで持参いたしました」

「うむ。手間をかけたな」

隆信は鴨打新九郎を労ったが、既に覚悟を決めた様子であった。

「殿。島津勢がそこまで寄せておりますれば、身共（みども）も討ち入りいたします。長きに亘り身に余るお引き立てをいただき忝のうございました」

軍奉行高木大栄入道が、隆信の御恩に感謝の意を述べ永の暇を請うた。

「太郎、太郎。行くでない。儂がそばにいよ」

隆信は引き止めたが、高木大栄入道は莞爾と笑うと家人たちを引き連れて島津勢に打ち入っていった。その目からは涙が頬を伝って流れ落ちていた。

「大殿様。最早これまで。我らも出撃いたしまする。身に余るご厚情を賜り、有難き幸せにございました」

鴨打新九郎や田中善九郎、福地千の小姓三名も、隆信が御前に跪き暇乞いを請うた。

「何をいうか。その方たちは元服したとはいえ、まだ十六に過ぎぬ童ではないか。ここで死ぬに及ばぬ。これより生還し政家に仕えるが良い」

隆信は、年端も行かぬ少年たちの命を惜しみ、三人の頰を愛おしげに摩って言い聞かせた。

「有り難きお言葉なれど、主を捨てておめおめと生還など出来ませぬ。卑怯者、臆病者と罵られ生きていくことなど恥辱の限り、私どもの家も立ち行くことなど出来ませぬ。これより島津が軍勢に討ち入り、敵の兵を道連れに大殿様の死出の旅路の露払いとなりましょう」

田中善九郎も福地千も決死の覚悟で隆信を見上げている。

「是非も無い。あの世でまた三世の契りを結ぼうぞ」

三人の決意のほどを知った隆信は、説得することを諦め三人の暇乞いを許した。隆信は、三名の小姓の背中に垂らした髷を小刀で切り取り、巻紙に包んで懐に仕舞い込んだ。

「有り難き幸せにございます」

三人は、それぞれ付き従った従僕を引き連れて島津軍へと向かって行った。

隆信の側に仕える小姓もいなくなり、山輿の周りには四名の人足が残るばかりとなっていた。

「その方らはまだ残っていたか？　近う寄るが良い」

隆信は、四人の人足を差し招いた。人足たちは慌てて山輿の前に土下座して額を土につけて畏まった。

「これまで苦労を掛けた。その方たちを放免する。ここより立ち去り在所などに帰るなりするが良い」

敵にしろ味方にしろ、どちらの兵に遭遇しても撫で斬りに殺されると思っていた人足たちは、思いもかけぬ隆信の言葉に驚愕すると共に、手を合わせて拝みひれ伏した。

隆信は、懐から小粒金の入った巾着袋を取り出し人足の前に投げ渡した。

「駄賃である。四人で分けて今後の活計（たつき）の足しにするが良い。在所には、親や兄弟や子も帰りを待ちかねておるであろう」

小頭分の人足が、巾着袋を押し頂いた。

「もったいない事でございます。有難うございます」

「これより、この馬印の大旗を持ち行くが良い。味方の兵士に問糾（といただ）されたら、大殿様より御屋形様に馬印を渡すよう命じられたと答えよ。さすれば命までは取られることもあるまい。早よ、島津兵が来る前に逃げるが良い」

四人の人足は山輿から二流の折り畳んだ大旗を捧げ持ち、泣きながら隆信に合掌すると北に向かって戦場を走り去っていった。

隆信は顔を上げて東方に広がる有明の海を遠望している。時折、ヒューンという飛翔音とともに銃弾がかすめていくが、気になることもなかった。

（有明の海の何と穏やかなことか。白波の一つも立っていない。さてさて儂が一生は、この海の穏やかさとは真逆であった。曽祖父剛忠浄金公〈龍造寺家兼〉の言い残しがなければ、宝琳院の住職として龍造寺家一族の菩提を弔う一生で終えたに違いない。還俗の後は、龍造寺家を保つためとはいえ戦働きに明け暮れ、多くの将兵や無辜の民の命を奪ってしまった。

儂は西方浄土に行くことができるのか、それとも冥府魔道に突き落とされ無限地獄にて責め苛(さいな)まれるのであろうか？）

戦場の怒号も、悲鳴も、矢弾の音も、既に隆信の耳に入ることはなかった。

隆信が座乗する山輿に向かって、島津の将兵が包囲を縮めてきている。

「龍造寺隆信公とお見受けいたす。某は島津兵庫頭が家臣川上左京亮忠堅(かわかみさきょうのすけただかた)と申す。

御首級頂戴仕ります」

川上左京亮忠堅は、山輿に座乗している隆信に声をかけた。隆信は、敵将の呼びかけで現世に呼び戻された。

「島津が手の者か？……いかにも龍造寺山城守である。今日の島津が戦仕立てみごとであった」

隆信を囲んだ川上左京亮の郎党が、槍で突きかかろうとするのを忠堅は手で静止した。他の島津の兵士たちも次々に駆けつけ、隆信を包囲していく。

「暫し待つが良い。その方に我が首級を与えようぞ」

隆信は、五条袈裟を脱ぎ大数珠と頭陀袋を外した。更に腰の国次の大脇差を抜くと、

「儂が形見である」

と言い置きして忠堅に下げ渡した。

「有難き幸せ。頂戴仕ります」

忠堅は、一尺七寸の大脇差を隆信から両手で拝領し自らの帯に差し込んだ。

隆信は、目を瞑ると「南無観世音菩薩」と念仏を唱えながら数珠を握り締め頭を前に差し出した。

忠堅は、共に参陣していた弟忠兄に目顔で介錯をするよう命じた。忠兄は頷くと左手の

親指で太刀の鯉口を切り隆信の左後方へ廻り込むと、ギラリと二尺三寸の太刀を抜いて八双に構える。

そして、

「いざ、御免」

と声を掛けると、隆信が首に打ち下ろし一刀の元に頸部を切断した。

隆信の首は山輿前にゴロゴロと転がり、頸動脈を切断された胴体は、首筋から血飛沫(ちしぶき)を上げながら山輿に打ち伏した。忠兄は、隆信の着衣で太刀の血糊を拭うと納刀し、スタスタと隆信の首に近寄った。そして隆信の首を両手で持ち上げ、首筋を下に山輿に備えると塵(ちり)を払い落とし跪いて合掌した。忠堅以下の島津勢も、跪いて合掌し念仏を唱えた。

「誰ぞ、隆信公の御首級(みしるし)を槍に刺して高く掲げよ」

忠兄が家来衆に命じた。

「はっ」

郎党数名が駆け寄り、隆信の首筋から頭蓋の天まで二間柄槍の穂先で貫き、高く掲げた。

「川上左京亮、龍造寺隆信公を討ち取ったり」

忠兄は、大音声で勝ち名乗りを上げた。山輿を囲んでいた島津勢から歓声が湧き起こり、口々に「川上左京亮、龍造寺隆信公を討ち取ったり」との言葉が鯨波のように敵味方に広がっていた。

沖田畷の戦場が一瞬で凍りつき、時の流れが停止した。

やがて島津の兵士たちの歓声が地響きのように戦場に広がり、他方龍造寺の兵士たちは信じられぬ面持ちで意気消沈していった。

隆信の死に遅れたと考える大手中道の二陣や本陣の武将らは、ただ殉死するために島津軍へ討ち入って斬死していく。本陣の采配を任された龍造寺信門は、島津中軍の左翼勢と力闘していたが、主君を守りきれなかったと苦悶して島津軍に討ち入って戦死した。多くの有能な将士が自ら死ぬことで、肥前での自家の名跡を残そうとしている。

最も困難な状況に陥ったのは、小川信俊と納富家理の先陣勢である。大手中道の有馬・島津勢と隆信を討ち取った島津中軍に挟撃される事となってしまっている。

龍造寺隆信の戦死を知った小川信俊と納富家理は茫然自失の態であった。既に、大木戸からも有馬勢や島津勢、赤星統家一味らが大手中道に出撃してきている。

「このままでは、全滅するぞ」

小川信俊は直ちに軍勢を撤退させることを決意した。

「家理殿、すぐに撤退じゃ。相協力して兵を繰り引いて、後藤家信様か鍋島信房殿の陣まで引くぞ」

「おうよ、心得た。後方の島津勢を打ち破って兵を引かせた後、大殿さまの後を追おうぞ」

小川隊と納富隊は、交互に鉄砲隊と弓隊により追い縋る有馬勢を射撃しながら繰り引いて後藤家信隊まで将士を撤退させた。

「これで良い」

多くの将士を失い一軍も二軍も六割ほどに減ってはいるが、自軍を何とか撤退させることが出来た。

「うむ、切り込むぞ。大殿様にあの世まで付き従おうぞ」

小川信俊と納富家理は、子飼いの従士を引き連れて隆信が討ち取られた山輿を目指して歩みを進めて行った。

龍造寺政家は、父親の死を冷静に受け止めていた。心の奥では、いつかこうなると予測していたかも知れなかった。今、政家に課せられた役割は、龍造寺軍の総崩れを防ぎ部分的な敗北で収束させることであった。

「使い番は控えているか？」

政家は、帷幕の外に控えている幌武者衆を招集した。

「はっ、控えております」

十二名の使い番が、片膝をつき政家の命令を待っている。

「山手、大手中道、浜手の先陣勢と本陣勢に命じる。繰り引いて三会湊、寺中城、三会砦まで撤退して陣張せよと伝えよ」

六名の使い番が、それぞれ担当している武将の本陣目指して散っていった。

政家は、残っている六名の使い番にも命じた。

「殿軍（しんがり）の鍋島信房勢、藤津勢に伝えよ。中尾川を前に布陣して敵の攻撃に備えよ。無傷の上松浦勢は鍋島信房に与同し、多久勢は藤津勢に与力すること。後藤家信は、損傷が少なければ殿軍の藤津衆に合流し軍の指揮を取らせること。至急、使いせよ」

「はっ、承知仕りました」

使い番衆は、政家に一礼するとそれぞれの陣に急行した。

鍋島信生は、政家の撤退命令を受けると丸尾砦攻略に取り掛かっていた別働隊に退却を命じた。丸尾砦は落城寸前であったが、鍋島軍は攻撃を中止して続々と枯れ谷に向かって山麓を降り始める。激戦の中で丸尾砦の守将猿渡彌次郎を討ち取っていたものの、自軍の侍大将の馬渡賢斎も討ち死にしていた。生き残った丸尾砦の猿渡勢も、退却していく鍋島勢に追い縋る余力は既に残していない。鍋島軍別働隊の後詰めとして後続していた政家の別働隊一千名も撤退命令を受けると、姫添山の稜線沿いに政家の本軍目指して北へ移動を開始した。

信生は、自軍の次手衆を先手衆の背後に展開して長槍隊を折敷かせ三間柄の槍の石突を大地に突き立て、穂先を揃えて防御の陣を敷いた。その背後に新手の鉄砲隊と弓兵を配置し、濃密な火線を展開している。先手衆の指揮をとっていた上筑後の田尻但馬入道了鉄、西牟田紀伊守統賢や神代家良が家臣神代弾正忠、三瀬大蔵らの有力武将も討ち死にしており、残された先手衆の残兵は北を目指して落ちて行く。

龍造寺軍の無傷である政家軍三千名、上松浦勢一千名を加えた鍋島信房勢三千名と、多久勢一千名を加えた藤津衆二千名の軍勢が、中尾川を前に陣を敷いて自軍の敗残兵を収容している。それぞれの陣の間には、自軍の兵士を収容するため二十間ほどの通路を設けていた。龍造寺勢の先陣や二陣、隆信本陣の敗残兵が続々と寺中城や三会砦へ向かって撤退して行く。鍋島信生は山沿いに三会砦方面に兵を撤退させたが、中尾川を越えると馬廻衆を中心に政家軍の後方に後詰めとして兵を展開させ家人鍋島太郎五郎家俊（なべしまたろうごろういえとし）に采配を任せると、自らは政家本陣に出仕した。

浜手勢二陣の後藤家信は、先陣を勤めた兄江上家種軍を撤退させるため、追い縋ってきた有馬勢を遇（あしら）いながら江上勢を落とすと、浜手の殿軍藤津勢に合流して中尾川の北に自軍を展開させた。

沖田畷の戦いに勝利した島津勢と有馬勢は、敗北した龍造寺軍の先手衆を追撃しようと北上してきたが、龍造寺軍の殿軍の陣形を見て約一町の間をとって進軍を停止した。

両軍は暫しの間睨み合っていたが、沖田畷の戦いに勝利した島津軍も有馬軍も、無傷の龍造寺軍約一万名を前にして攻撃に出ることを逡巡している。

島津・有馬連合軍の本陣も森岳砦より前山の北まで進出していたが、島津軍の総大将島津家久と有馬鎮貴の考えに齟齬が生じていた。

有馬鎮貴は、祖父有馬晴純（ありまはるずみ）が天文年間に藤津郡、彼杵（そのぎ）郡、杵島（きしま）郡を併呑したものの、その後龍造寺隆信に簒奪された三郡の失地を回復する野望を持っていた。しかしながら龍造寺隆信を討ち取ったといえ、このまま龍造寺軍との和議が整い島津軍が肥後八代に帰還すれば失地回復の望みなど遥か彼方に霧散してしまうであろう。

「中務大輔殿、龍造寺軍など烏合の衆にすぎませぬ。この勝ち戦に乗じて残敵も掃討すべきと思慮いたします。攻撃致しましょう」

有馬鎮貴は、島津家久に攻撃の継続を主張した。

「鎮貴殿。戦は七分の勝ちを以て収めるが吉と言われている。敵を根絶やしにすれば、後々敗北した者の恨みを残し祟るとも言い申す。隆信が首級を討ち取ったは思いもかけぬ上乗の首尾。ここはこれで矛を納めるが双方のためにも何よりと存ずる」

島津家久は、勝ちを名分として和議を進めるつもりである。これ以上戦っても無益であり、下手すれば新手の龍造寺軍に敗北して隆信を討ち取った功名さえも失う恐れがあった。

「それでは、我が祖父仙岩公（有馬晴純）の本意が遂げられぬことに……」

鎮貴は尚も食い下がった。

「小冠者。其方は自らの野望のために我が島津勢を使嗾するつもりか」

島津家久に付き添っている伊集院忠棟が、無礼な有馬鎮貴の振る舞いに激昂して口を挟んだ。

「これ忠棟、口を慎むが良い」

家久は伊集院忠棟を制した。

「これよりの戦は無用。新手の敵に打ち掛かるのであれば有馬勢のみで掛かられよ。当家は龍造寺軍と和議を結ぶつもりでござる」

家久は、有馬鎮貴に支援を請われた兄島津兵庫頭忠広の命令により島原に出陣したものの、肥前攻略が島津家の九州経略の本筋ではないと承知していた。

「……」

有馬鎮貴も沈黙せざるを得なかった。勝ち戦とはいえ自軍の死傷者も出ており、既に兵数は一千三百名ほどに減っている。この兵数で龍造寺軍と戦火を交えれば間違いなく全滅してしまうであろう。

「元々、某は日向佐土原の在の領主であり、この島原表の戦の後は日向口にて大友勢との戦が控えている身でござる。事を片付けたら疾く薩摩に帰還せよと矢のような催促を受けております。……龍造寺方と和議を進めても宜しいな」

家久の言葉に、鎮貴も否も応もなく承服するしか方途がなかった。

島津の軍勢から陣笠を掲げて騎乗した武将が、龍造寺軍の陣営に向かって歩を進めた。軍使は島津軍と龍造寺軍の中間の位置まで進出すると停止した。

軍使として龍造寺軍との和議の交渉に任じたのは、島津修理大夫義久が家臣新納忠元であり、家人・郎党を数名引き連れている。

やがて、中尾川の対岸に布陣している鍋島信房軍より、信房自身が数名の郎党を引き連れて新納忠元が元に馬を進めた。

両者は何事か打ち合わせた後、信房の使い番が一騎政家の本陣目掛けて疾走してきた。

「主君豊前守よりの注進でございます。島津より和議を請うてきました。敵方の軍使は新納武蔵守忠元殿にて、御屋形様にご挨拶したいとのこと。如何取扱い致しましょうかとの由」

鍋島信房からの使い番は、主君信房からの口上を伝えた。

「和議を請うてきたか？　……承知した。島津が軍使に会うてみよう」

政家は少考した後、危惧する宿老たちを押し切って、鍋島信生と選りすぐった馬廻五名を従えて新納忠元が控える中原まで軍馬を進めた。

政家が到着すると、島津勢が軍使らも鍋島信房らも下馬して迎えた。

「皆の者大義である。余が龍造寺肥前守である」

政家が、両軍の武将らに労いの言葉をかけ自らも下馬した。

「某は島津修理大夫が家臣新納武蔵守忠元でござります。この度は乱世の習いとは言え、お父上の御首級を頂戴する事とは相なりました。心よりお悔やみ申し上げます」

忠元は政家に深く頭を下げ、政家に悔やみの言葉を述べた。

「何の、当家の社稷（しゃしょく）を危うくした粗忽者（そこつもの）にござれば、いらぬご斟酌は御無用でござる」

政家も既に達観しているのか冷静な対応で応えた。

「使いの趣（おもむき）でございますが、当家の島原表の戦の総大将中務太輔は、これ以上の戦は無用と和議を望んでおります」

新納忠元は、総大将島津中務太輔家久の提案を伝えた。

政家は、鍋島信生や信房と協議の後、島津勢の提案を受ける事とした。

「当家も異議なく、そちらが良ければ和議をお受け致しましょう」

政家もこれ以上一兵の損失も望んでいない。父親の戦死は余儀ない事柄と諦めている。

「忝く存じます。これで和議が整いました。つきましてはお父上の御首級でございますが、島津兵庫頭の実証に供するため肥後八代まで持ち帰ります。実証の後は肥前守様が元まで丁重にお返しする所存でございます」

「いやご返却には及びませぬ。何処その野辺に打ち捨てるなり、無縁墓地に投げ入れるなりしていただければ結構でござる」

父隆信の義弟であり政家の後見人でもある鍋島信生の再三の諫言に耳を貸さず、佞臣の言葉と迂闊な用兵で道を誤った隆信についての政家のせめてもの矜持である。

「丁重な取り扱いといたす所存でございます。また戦場の始末でございますが、島津・有馬の死者は当方にて引き取り荼毘と埋葬するつもりであります。それで宜しゅうございましょうや？」

戦場の清掃について忠元は確認をした。既に有馬鎮貴は、龍造寺軍に誼を通じた島原純豊が籠る浜の城と安富純泰の深江城の開城を行うため戦場を離脱して南下していた。

「その扱いで結構でござる。当家の死者は当方にて始末する所存である」

和議が成立して、これから一日かけて士分の将兵の死体は荼毘に付され、身分の低い兵の遺体は纏めて埋葬される。一刻ほど後、沖田畷の戦場に葬送の煙が幾筋も立ち昇り、鉛のように重苦しい憂色が漂い始めていた。

あとがき

令和四年を以て、四十五年間従事した仕事をリタイアしました。著作歴はほとんどありませんが、幼少の頃より読書が好きで一度は物書きの真似事ができればと思っていました。今回仕事をリタイアしたのを機に、短編三篇を書き下ろしました。従事していた仕事上、地図・旧図や空中写真（航空写真）を見る機会が多かったので、作品にも地図情報を表記して、読者の皆様のご理解の一助に出来たのではと思っています。三篇とも二十五年ほど前から温めていたモチーフとテーマでした。

今回、東京図書出版様のご協力を得まして、出版の運びとなりましたが、少しでも手に取って目を通して頂ければ幸いです。

有難うございます。

鷹取　登（たかとり　のぼる）
2022年、退職を機に本作を書き下ろす。

暴論「東南陸行五百里」

2023年6月24日　初版第1刷発行

著　　者　鷹取　登
発 行 者　中田典昭
発 行 所　東京図書出版
発行発売　株式会社 リフレ出版
〒112-0001　東京都文京区白山 5-4-1-2F
電話（03）6772-7906　FAX 0120-41-8080
印　　刷　株式会社 ブレイン

ISBN978-4-86641-643-4 C0095
Printed in Japan 2023